人はなぜ戦争をするのか

戸田　清

法律文化社

は　じ　め　に

　長崎の原爆被爆者の講話後に子どもたちから必ず出てくる平和教育40年来の
"古典的"な2大疑問は、「そもそも、なぜ大人は戦争をするのか」と「なぜ原
爆は投下されたのか」であるという。本書は、この問いに私ならどのように応
えるべきかについて、関連するテーマとともに論じようとした試みである。

　『人はなぜ戦争をするのか』という本書のタイトル（テーマ）があまりに大き
いので、面食らう読者も多いかと思う。このテーマを詳細に論じるには、多数
の著者による膨大な共同研究が必要であろう。本書はそのための「入口」を提
示しようとするものである。

　第1章で紹介する考古学の有力な知見によれば、ホモ・サピエンス20万年
（あるいは30万年）の歴史のなかで、戦争は世界で約8000年、日本で約2000年と
いう最近の出来事にすぎない。つまり古代階級社会の成立以来のことである。
長い原始時代（猿人から数えれば700万年）において、殺人や集団暴力はあった
が、戦争はなかった（集団暴力と戦争の境目は必ずしも明確でないが）。

　第2章では戦争の社会構造的要因（階級格差、軍需産業など）について、第3
章では生物学的背景（特に男性の暴力性）について考える。

　第4章では、原爆投下の原因を考える。日本が始めた15年戦争、ナチスの脅
威が引き金となった米国の原爆開発計画などである。

　第5章では、集団的自衛権法制化以降の現代日本がかかえる戦争のリスクに
ついて考える。その歴史的社会的背景として、明治から昭和までの日本が戦争
に明け暮れたこと、戦後日本が軍事大国アメリカに「従属」していることが、
特に重要である。

　第6章では、人類の長期的な暴力減少傾向のなかで20世紀には技術の発達に
伴う大量の戦争死者も出たが、万年単位の人類の将来のなかでは、石油文明
（核技術を伴う）が終焉に向かって再生可能エネルギーの時代になり、世界人口
も減少するなかで、戦争克服の可能性が出てくることを示唆したい。

　第7章では、以上をふまえて平和教育の方向性について考えてみたい。

i

目　　次

はじめに

1　人類史のなかの戦争 ……………………………………………… 1

2　戦争の社会構造的要因 …………………………………………… 9

3　暴力の生物学的背景 ……………………………………………… 23

4　原爆はなぜ投下されたか ………………………………………… 26

5　集団的自衛権で増大する戦争協力のリスク ………………… 36

6　人類の将来 ………………………………………………………… 42

7　平和教育の５つの柱 ……………………………………………… 44

戦争の原因を考える平和教育のための25点の必読書 …………… 50

参考文献 ……………………………………………………………… 52

あとがき ……………………………………………………………… 65

1 人類史のなかの戦争

　人類の祖先が「チンパンジーとの共通祖先」から分岐したのは約700万年前とされる。700万年のあいだに約25種類の人類が登場し、そのなかでホモ・サピエンス（アフリカで20-30万年前に登場）のみが生き残って約75億人になっている。この700万年のあいだに、チンパンジーからはボノボが分岐した。2種類のチンパンジーが出てくるあいだに、人類は約25種類も登場した（脳の大きさも3倍近くになった）のだから、人類の特徴は「高速進化」である。なお現代の生物学では、人類もチンパンジーも「ヒト科」に属する。私たちの直近の「親戚」であるネアンデルタール人は2万年ほど前に絶滅した。ホモ・サピエンスとネアンデルタール人は混血したというのが、現在の定説である。世界の戦争は約8000年前に、日本の戦争は約2000年前に始まったと思われる。人類史の大部分を占める長い「原始時代」に殺人はあっても、戦争はなかった。人類史のなかで戦争は最近の出来事（階級社会と古代文明の成立以降）にすぎない。

　戦争の起源を考えるためには、佐原真（1932-2002）や松木武彦など、考古学の戦争研究が基本的文献となるだろう（佐原 2005；松木 2001）。世界での戦争は約8000年前に、日本では約2000年前に始まったというのが、有力な学説である。佐原の「日本・世界の戦争の起源」という論文（佐原 2005所収）によると、メソポタミア、エジプト、中国、インドの古代文明（最初の階級社会）とともに戦争が始まった。日本列島の旧石器時代人（4万年前から）や縄文人（1万年前から）は殺人や強姦をしたかもしれないが（縄文時代の殺傷人骨については、佐原 2005：117）、戦争をしなかった（と思われる）。縄文人が戦争したかどうか（小林達雄が「縄文時代にも戦争があった」という説）ということで論争があるが、殺人があったとは言えても、戦争があったという論証はできていない（戦争の定義にも

よるが）と思われる（松井 2005；佐原・小林 2001）。弥生時代に中国、朝鮮の稲作などの先進文明とともに武器や戦争という「文化」も伝来した（松木 2001）。ホモ・サピエンスの歴史は約20万年、チンパンジーとの共通祖先との分岐から約700万年というのが通説である（更科 2018）。20万年や700万年という「全歴史」に比べると、8000年や2000年はとても短い。ネアンデルタール人やデニソワ人は混血によってヒト（ホモ・サピエンス）のゲノム（遺伝子群）のなかに痕跡を残して、絶滅した。人類約25種類のなかで、戦争はホモ・サピエンスの専売特許である。ネアンデルタール人などが殺人をした可能性は否定できないが、戦争はしなかったと思われる。

　最古の「殺人の証拠」（「最古の殺人」ではない）は、イラクのシャニダール洞窟の５万年前のネアンデルタール人である（佐原・小林 2001：63；佐原 2005：151）。最古の集団暴力の証拠（最古の集団暴力ではない）は、14000年ないし12000年前のナイル川上流のジェベル＝サハバで、58人が埋葬されているうちで24人の骨に暴力の跡がある（佐原・小林 2001：63-64）。これを戦争とみなしてよいかについては、学説がわかれている。ここで集団暴力とは、複数の加害者が共謀してひとりないし複数の被害者を襲うものと理解してよい。人類の歴史において、殺人のないところにいきなり集団暴力があらわれることはないし、集団暴力がないところにいきなり戦争があらわれることはないだろう。戦争の定義としては、佐原真が「多数の殺傷をともない得る集団間の武力衝突」としている（佐原 2005：103）。これでは近現代日本の暴力団の抗争も含むことになるので、「考古資料にもとづいて認められる」という限定がつく。佐原は「戦争の６つの指標（考古学的証拠）」（佐原・小林 2001：68-69；佐原 2005：8、104、149、306；松木 2017：16-17）をあげていて、よく引用される。

1．守りの村
　　濠をめぐらせたり、それを掘ったときの土で守りの壁（防壁）をめぐらせたり、柵で囲んだりして村を守る。物見やぐらをたてることもある。眺望のきく丘や山の頂きや斜面に村を作ることもあり、これに濠をめぐらすものもある。烽火をあげる施設を伴うこともある。

2．武器
　　初期の戦争（あるいは集団暴力）では、ナイフや狩りの弓矢や木を伐採する

ための斧などを凶器に転用して殺傷する。そのうち、人を殺傷する目的で作り使う道具、つまり本格的な武器が登場し、発達する。武器には遠距離式武器と近距離式武器があり、自然物を材料とした遠距離式武器としては、河原石などを集めて投げる武器、礫がある。よろい・盾など、身を守る道具—武具も発達する。

3．武器の副葬

死者に副えて武器を葬る。死者の安眠を願うか、あの世でも戦わなければならないという思いであろう。

4．殺傷人骨

頭が割られたり、手足が折られたり、首をとられたり、矢尻や剣などの武器が骨に刺さったりした人骨。なお、腹などを刺されて殺されても、骨の損傷がなければ、殺傷の証拠は残らない。

5．武器形祭器

祭りや儀式に武器の形をした道具を使う。悪を寄せつけないため。

6．戦士・戦闘場面の造形

絵や浮彫などに、武器と盾を持つ戦士や戦闘場面などを表したもの。

古代メソポタミア、古代エジプト、古代ギリシャ、古代中国、弥生時代などではこれらの指標が確認されるので、戦争という「文化」が始まっていると佐原は言う。1万年以上前には、集団暴力はあったかもしれないが、戦争文化の形成には至らなかっただろう。ネアンデルタール人は大型哺乳類を狩る優秀なハンターであったから、なんらかの事情で激昂したときに狩の道具を同胞に向けることはありえたと思われるが、いまのところ「集団暴力」の証拠はない。肉食獣にさえ集団暴力は基本的にない。集団暴力は、チンパンジーとホモ・サピエンスに見られる現象である。ホモ・サピエンスにおける階級社会の形成に伴って、戦争文化が進展したと思われる。旧石器時代は平等社会に近かったと思われる。縄文時代には階層化が始まり、奴隷があらわれたという説もある。弥生時代には明確な階級社会、奴隷制社会になった。なお縄文時代は1万年以上も続いたが、弥生時代は数百年で次の時代に移行したというのが通説である。

考古学の知見を少し引用しよう。「前4世紀ころに九州北岸ではじまった戦いは、前2世紀ころまでに西日本全体へ拡がったことが、墓から見つかる戦死

傷者と考えられる骨からわかる。稲作の拡散とともに戦いも広まったことを示している」(松木・宇田川編 1999：口絵)。「〔朝鮮半島から〕本格的な稲作と同時に武器を手にした弥生人は、わずか700年のあいだにかずかずの武器を発達させた。遠くの敵を射る弓矢、近接戦用の剣・矛〔ほこ〕・戈〔か〕・刀など、戦いの場面ごとに使いわけていた。やがて武力崇拝の対象となった武器は祭器化する。長大化した武器型祭器は弥生文化独自の産物である」(同上)。「弓と矢は縄文時代から存在し基本的に狩猟用に作られた道具であったが、弥生時代になると一般的に戦闘用の特徴を備えてくる。この変化がもっとも早くはじまる九州北部の状況をみてみよう」(藤尾 1999：14)。弥生時代の戦いの要因は主に可耕地や水資源の確保をめぐるものであった(藤尾 1999：25)。その後、鉄資源の争奪も大きな要因となった(松木 2017：310)。当時の日本は中国文明圏の辺境にあり、稲作とともに武器も伝来し、人の交流(渡来人も含む)が盛んになったのが弥生時代である。稲作伝来の結果として戦争が発生、拡大した面もあるだろう。前近代の日本は中国、朝鮮から稲作、武器、青銅器、鉄器、騎馬技術、儒学、仏教、律令制度、漢字、陶磁器(土器を除く)などを輸入したが、科挙、纏足、宦官、家畜の去勢などは輸入しなかった(あるいは定着しなかった)。

　暴力的な伝統文化として知られるアフリカ、中東の一部地域の「女子割礼(女性性器切除)」(戸田 2017：118)も、その発祥は早い地域でも数千年前であると考えられている。

　戦争の原因を考えるときに、映画評論家・佐藤忠男の『戦争はなぜ起こるか』(佐藤 2001)は、いまなお児童(小学校 5 年生以上)、生徒(中高生)、学生(大学生など)にとって最良の入門書であろう。知識のレベルを落とさずにわかりやすく記述している。一般社会人にとっても有益であろう(戦争を減らし、なくしていくことは全人類の義務である)。この本は初版が1974年、改訂 2 版1982年、改訂 3 版2001年で、40年以上にわたり児童、生徒、教員に読み継がれてきたロングセラーである。佐藤は1930年生まれで、敗戦時には海軍の少年兵だった。戦争体験者だから、記述は堅実である。目配りが広く記述にバランスがとれているのは、独学の知識人として長年にわたって世界中の膨大な映画や文学作品を鑑賞してきた佐藤の個性であろう。目次を紹介しよう。「戦争の原因を考えよう」「太平洋戦争はなぜ起こったか」「日中戦争はなぜ起こったか」「国と国のつき

あい方」「軍人は戦争をやめられない」「第二次世界大戦はなぜ起こったか」「アメリカとソビエトの対立」「助け合おう」「宗教と戦争」「人口の増加は戦争になるか」「戦争は人間の本能か？」「平和のための勉強」「私たちの進むべき道」。終章の一節を引用したい。「私が戦争の経験から学んだことのひとつは、人種、国籍、身分などによる差別と偏見のありようの全体のこり固まったところに成り立つのが戦争であるということである。そして、人種や国籍による偏見やべっ視は、身分や階級による差別や不平等といっしょのものである。戦争をなくするための努力は、差別や不平等をなくするための努力といっしょのものでなければならないし、困った問題が起きたとき、その困ったことを弱いものにおしつけることはやめる、ということを世界中の人が決心しなければならないのである」(佐藤 2001：218)。「思想と言論の自由とか、基本的人権を守るとか、選挙の自由とか、絶対に守られるべきものが多くあるが、商売のやり方の自由、というような点になると、豊かな国と貧しい国とも間にはいろいろ考えなければならないことが多くて、そう簡単には同意できないことも出てくるし、さらにこれからは、公害問題や資源保護の立場から、やたらとモノを浪費する自由などは認められなくなってゆくと思う。そしてそのとき、人口は多いがあまりモノを消費してはいない開発途上国と、人口はそんなに多くないのにやたらとモノや原料を浪費し、地球を破壊している工業先進国との間に、どういう自由をどこまで認めるかという話し合いが大事になってくる」(同上：219)。たとえば、市民団体などから「死の商人」と呼ばれている煙草会社や武器会社などの「営業の自由」は厳しく制限されて当然であろう。

　最近、米国の心理学者スティーブン・ピンカー『暴力の人類史』の「暴力減少史観」が話題になった (ピンカー 2015)。古代、中世、近代と、また近代でも時代を追って暴力が減少してきたというのである。その結果私たちは「人類が出現して以来、最も平和な時代」を享受しているという (ピンカー 2015：上巻11)。暴力減少のトレンドが続いてきたことには私も同意する。しかし、近代とは、暴力減少のトレンドのなかで、技術の発達とも相まって、「突出した暴力エピソード」(ホロコースト、無差別爆撃、原爆投下などはいずれも「エリート主導の犯罪」である) をたびたびもたらした時代でもある。核兵器禁止条約 (2017) は近く発効が見込まれるが、いまなお15000発近い核兵器も存在する。「暴力減少

史観」がどこまで正しいのか、今後詳細な吟味が必要だろう。また、古代から近代に向けては暴力減少のトレンドが続いたとしても、その前の原始から古代への転換においては、階級社会の成立と戦争の誕生による暴力増大があったと私はみている。

　ピンカーは、非国家社会（採集狩猟社会）と国家社会（農業社会、工業社会）を比べると、死者に占める暴力死（殺人とほぼ同義）の比率は、後者では約５分の１に減少したという（ピンカー 2015：上巻108-122）。非国家社会では暴力死は15％前後であった。国家社会で戦争が多かったのは、宗教戦争が多発した17世紀とふたつの世界大戦が起こった20世紀で、20世紀の戦闘死者は約4000万人であった。しかし死者に占める暴力死の比率は両世紀において2-3％である（ピンカー 2015：上巻112）。非国家社会では「死者に占める暴力死の比率」が大きいが（原初的な戦争も含む）、国家社会（文明社会）では特に大規模戦争や長期戦争が起こるときに「暴力死の絶対数」が増えると言えるのだろう。原爆死のような「瞬時大量死および長い後遺症」はまったく「文明の産物」である。ピンカーの大著（邦訳は上下で1300頁）の書評や紹介では主に「何が書かれているか」について語られてきたが、「何が書かれていないか」に注目することも大切だ。米西戦争後のフィリピン征服戦争（1898-1902）において、米国の死者はフィリピンの100分の１以下であった（アンドレアス 2002）。朝鮮戦争でも米国の死者は南北朝鮮の100分の１以下だった。イラク戦争（2003）でも米国の死者はイラクの100分の１以下であった。これらのことに言及しないピンカーは結果的に「アメリカ帝国主義の美化・免責」におちいっていると言えないこともない（ピンカーはカナダ出身のリベラルなユダヤ系アメリカ人である）。なお昭和の日米戦争でも米国の死者は日本の数十分の１であるが（沖縄や硫黄島では比率がもう少し近接する）、この場合は、日本軍に兵站の拙劣・軽視による餓死・病死が多いので事情が異なる。ピンカーは第３章で「1960年代における非文明化」（上巻205-222頁）について述べているが、カウンター・カルチャー、大衆文化の暴力的傾向については長々と述べる一方、支配層の問題については次の文章があるにすぎない。「1950年代から60年代にかけて起きた公民権運動はアメリカ支配層の道徳的汚点を暴き出し、社会の他の部分にも眼が向けられるにしたがって、さらにいくつもの汚点が明るみに出てきた。核戦争の脅威、貧困の蔓延、アメリカ先住民

に対する差別的処遇、ベトナム戦争をはじめとする数々の反自由主義的な軍事介入、さらには環境破壊、女性や同性愛者に対する抑圧などである」(上巻211頁)。ベトナム戦争時代の「カンボジア秘密空爆」(Chomsky 2016：31) などにももちろん言及されない。ベトナムが多くの死者 (米国兵の死者5万8000、ベトナムの死者数百万) を出しながら頑強に抵抗した背景には「共産主義の人命軽視の思想」があるとされ、米国の侵略責任には言及されない (ピンカー 2015：上巻537-539頁)。ピンカーはやはり、ヘルベルト・マルクーゼやポール・グッドマンが嫌いらしい (上巻218頁)。ピンカーが「メガキラー」(100万人以上殺害した政府) のなかに米国を入れないのは不可解だ (上巻585頁)。第二次大戦、朝鮮戦争、ベトナム戦争をあわせると、米軍の攻撃による非戦闘員死者 (国家テロの犠牲者) は100万を超える。メガキラーとしてあげられているのは、ソ連、中国、ナチスドイツ、中華民国、日本、カンボジア、オスマントルコである。米国は「通常の戦争」、ほかの国はジェノサイドだから同列にできないと言いたいのであろう。それでは、広島・長崎の原爆投下がジェノサイドではないとでも言うのだろうか。ピンカーは次のようにも述べているので、事実から目をそむけているわけではない。「日本の民間人の頭上に焼夷弾と核爆弾を落とし、その史上最大の戦争犯罪と言ってもおかしくない行為で、勝利を得た」(下巻218頁)。ピンカーがマイケル・サンデルやジャレド・ダイアモンドと同様に「典型的なエリート知識人」「アメリカ帝国主義を容認するハーヴァード大学 (ないし有名大学) 教授」であることは否定できないだろう。とはいえ膨大な統計数字や事例・引用は、「西側エリートの犯罪」に寛容な偏りはあるものの貴重であり、チョムスキーやオリバー・ストーンだけでなく、ピンカーの大著もさらに深く学ぶためには必読であると思う。

　体制側の学者はブルース・ラセットの「民主的平和論」に依拠しているが (ピンカー 2015：高橋 2016)、この理論では「民主的覇権国の過剰な戦争」を説明できない。安倍政権に近い高橋洋一も、米国の第二次大戦後の代表的な軍事介入を次のように列挙している。「1950年代には朝鮮戦争、1960年代にはベトナム戦争、1970年代にはカンボジア侵攻とラオス侵攻、1980年代にはニカラグア侵攻、グレナダ侵攻、パナマ侵攻など、1990年代には湾岸戦争で、2000年代にはアフガニスタン戦争とイラク戦争だ」(高橋 2016：149)。カンボジア侵攻という

のは「秘密空爆」のことで、その民衆に与えた恐怖が「虐殺政権」クメール・ルージュ（ポル・ポト派）台頭の要因のひとつになった。ベトナムの支援を受けてヘン・サムリン政権ができたあと、米国政府がポル・ポト派を支持した事実も忘れてはいけない。私は「民主的平和論」を否定しないが、「帝国主義論」を忘れた「民主的平和論」は危険だ。民主的平和論を機械的に適用すると、たとえば米国（民主）とベトナム（非民主）の戦争では、ベトナムが悪いことになってしまう。戦後の米国大統領で危険な人物をあげるならば、双璧はブッシュ（息子）とトランプであろうか（クライン 2018；リー編 2018）。冷静な議論が求められる。

　文明社会（階級社会）が戦争を本格化させたが、原始時代（非国家社会）が「平和なユートピア」だったわけはない。殺人や襲撃・略奪はあったので、ボノボよりはるかに暴力的であり、チンパンジーと同程度には暴力的であったかもしれない。暴力の増大と減少の実態と原因のさらなる究明が求められる。世界史のトレンド（ピンカーの主張もまだ定説ではないが）が日本史にどの程度適用できるかも、検証が必要だ。弥生時代に戦争が始まったが、縄文時代にも殺人や襲撃（集団暴力）はあったと私はみている。もしピンカー学説が正しいとするなら、死者に占める暴力死の比率は縄文時代のほうが弥生時代よりも大きかったことになるが、本当にそうであろうか。また、襲撃と戦争は概念的に区別できるが、連続的に移行しており、線引きは難しい。これらは今後の課題であり、自然人類学、考古学の知見の進展に注目したい。

戦争の社会構造的要因

　前著『環境正義と平和』でも戦争の必要条件として人口圧力、資源争奪、階級社会の形成をあげているが(戸田 2009：239)、戦争の一般的な構造的要因として、人口増加、一人当たり資源消費の増大、階級社会の形成(階級格差の増大)、技術の発達、ある種のイデオロギーは欠かせないだろうというのが、私のとりあえずの仮説である。以下に簡単に説明したい。

1．人口増加
　人口が多いと資源をめぐる争いも生じやすくなる。人口が100万人を超えたのはホモ・サピエンスだけであろう。ネアンデルタール人でも多い時期で欧州と中東をあわせて50万人程度だったと考えられている。

2．一人当たり資源消費の増大
　一人当たり資源消費が多くなると、争奪が起こりやすくなる。米国の戦争がよく「石油支配をねらっている」と言われるのもそれと関係がある。生産量が増大すると、市場をめぐる争奪戦も起こる。20世紀には「世界人口の2割を占める先進国が資源消費の8割を占める」とよく言われた。「アメリカ的生活様式」は、一人当たり資源消費の多さが特徴である(戸田 2009：第4章)。ネアンデルタール人の生活様式は省エネ省資源であったと思われる。通常農耕社会で戦争が始まるが、採集狩猟社会で例外的に戦争が見られる北米北西海岸先住民は、漁獲が豊かで、階層化(奴隷の存在)も進んでいた(佐原 2005：6)。

3．階級格差(富、権力、威信など)の増大
　20世紀には「老人が決めた戦争で若者が死んでいく」「金持ちが決めた戦争で貧乏人が死んでいく」とよく言われた。それは古代文明(階級社会の原型)

の成立から現在に至るまで言えることだろう。皇帝、神官、貴族、平民、奴隷といった階級格差ができることで、権力者は自分が決めた戦争に多くの「使い捨て兵力」を動員できるようになる。ネアンデルタール人は「原始共産制」に近い平等な社会であったと思われる。『魏志倭人伝』によると、卑弥呼が死んだとき殉葬（殉死または殉殺）した奴婢（奴隷）が百余人、『日本書紀』垂仁天皇紀によると、天皇の弟が死んだとき、故人に仕えた人びとを生き埋めにしたが、何日も死なずに苦しんで呻き、死に絶えた後にはイヌやカラスに遺体を食い荒らされたので、これからは生き埋めでなく模型（埴輪）にすることになったと語られているという（松井 2005：132；『日本書紀』巻第6　垂仁天皇）。古代階級社会の苛烈さを示すエピソードである。階級社会の形成によって「使い捨ての人間」（奴隷、下級兵士など）が出てくる。植民地、資源、市場などをめぐる近代の戦争も、資源消費と階級格差の増大が背景にある。

4．技術の発達

　例えば、狩猟技術は殺人技術へと容易に転用できる。「技術的に可能なことはすべて実行してよい」わけではない。金儲けや権力追求のための技術乱用に歯止めをかける手立てをどう生み出すかが重要である。ネアンデルタール人はホモ・サピエンスに比べて技術進歩の遅さが特徴であったが、集団規模の小ささなどがネックになったと思われる。彼らの脳はホモ・サピエンスよりもやや大きく、「頭が悪かった」わけではない。カナダのSF作家ロバート・ソウヤーは、パラレルワールドでホモ・サピエンスが絶滅し、ネアンデルタール人が生き残って文明を発展させた世界を描いている。その仮想世界では、人口調節や省資源など、戦争を起こさない制度的工夫がなされている。農耕社会の形成や定住化は戦争を発生、あるいは本格化させたと思われる（佐原 2005：159）。現代技術と暴力の関係を表1に示した。生物界にほとんどない有機塩素化合物の例は表2の通りである。

5．戦争や暴力を正当化しうるイデオロギー

　皇帝神聖説、自然奴隷説（アリストテレス）、キリスト教やイスラム教の過激な解釈、人種差別、民族差別、女性差別、反ユダヤ主義、階級差別、帝国主義、優生思想などである。これらは凶悪犯罪を誘発することもある。

表1　核技術、化学技術、生物技術における直接的、構造的、文化的暴力

	直接的暴力	構造的暴力	文化的暴力
核技術	核攻撃、劣化ウラン弾攻撃	核実験、原発運転（特に地震国で）、原発事故の健康影響、将来世代への負担など	核抑止論、核兵器禁止条約反対論、原発安全神話、原発必要神話、原発低コスト神話など
化学技術	戦争やテロに使われる化学兵器	人間への健康影響、生態系破壊、規制緩和（ネオニコチノイドは欧米が規制強化するなかで日本は規制緩和）	害虫に効くが人間・哺乳類には無害という虚偽の宣伝など
生物技術	遺伝子組み換え技術の生物兵器に悪用の可能性	人間への健康影響、生態系破壊、自由貿易体制などに伴う規制緩和	環境にやさしい、収穫量が増える（飢餓問題を解決する）などの言説

出典　戸田清、湯浅正恵「巻頭言」日本平和学会編『平和研究　第48号　科学技術の暴力』早稲田大学出版部、2018年、iii頁

＊　直接的暴力、構造的暴力、文化的暴力の概念はヨハン・ガルトゥング（コラム4参照）による。

　ブレイビーク事件の背景にはキリスト教原理主義があり（トランプ大統領の大使館エルサレム移転も、これに関連するキリスト教シオニズムなどの票田と関係する）、相模原事件の背景には優生思想がある（2018年に国賠訴訟が始まった強制不妊手術も、優生保護法によるものである）。

　つまり、人口圧力、資源消費の増大、格差と不平等の進展（構造的暴力）、技術の進展、暴力を正当化するイデオロギー（文化的暴力）のいくつかがそろうことが、戦争の「必要条件」といえる。これらは戦争の「十分条件」ではないので、それぞれの戦争には引き金となる偶発的、構造的な要因があるだろう。

　戦争の個別的要因については、まず私たちは、日本近代の戦争について究明する義務があろう。そして現在と戦前の違いは、サンフランシスコ講和条約（1951）と同時に締結された旧日米安保条約に始まる「日米同盟」のもとで、「アメリカの戦争に協力する危険」があることだ。アメリカの戦争を解明することも不可欠の課題となってくる。

　たとえば原爆投下などをもたらした「先の戦争」（1931-45年の「15年戦争」）の原因については、佐藤忠男の『戦争はなぜ起こるか』（佐藤 2001）の「太平洋戦争はなぜ起こったか」「日中戦争はなぜ起こったか」という章が、平易な文章でおおむね妥当な解答を与えており、教員が説明する際の出発点にもなるだろう。佐藤の説明に補足を加えながら要約すれば、次のようなことだ。日本はなぜ米英

表 2 有機塩素化合物の例

塩素と炭素の結合を有する有機化合物を有機塩素化合物という。多くの化学商品がある。有害なもの、禁止されたもの、使われなくなったものも少なくない。自然界（生物界）にはほとんど存在しない。

1. 医薬品
　クロロホルム（19-20世紀の麻酔薬、トリハロメタンのひとつ）、ハロタン（ハロセン、フローセンとも表記。吸入麻酔薬、2015年販売中止）、ヘキサクロロフェン（殺菌剤、米国で2016年販売禁止）、キノホルム（クリオキノール、薬害スモンの原因）、クロロキン（抗マラリア剤、クロロキン薬害）、トリクロサン（殺菌剤、医薬部外品、EUで2015年に禁止）、クロラムフェニコール（抗生物質、微生物由来）など

2. 農薬（塩素系殺虫剤）
　DDT、BHC、ディルドリン、エンドリン、ヘプタクロール、ジブロモクロロプロパン（DBCP）、ネオニコチノイド系の大半など

3. 農薬（塩素系除草剤）
　2, 4, 5-T（ベトナム枯葉作戦で軍事利用、多くの国で禁止）、2, 4-D（ベトナム枯葉作戦で軍事利用、除草剤耐性の遺伝子組み換え作物も認可）、CNP、ペンタクロロフェノール（PCP）、クロルプロファム（ジャガイモの発芽防止、2018年にEUで使用禁止）など

4. プラスチック類
　塩化ビニル（モノマーで労災）、塩化ビニリデン、テフロン、合成ゴム

5. 有機溶媒
　トリクロロエチレン、テトラクロロエチレン、四塩化炭素、クロロベンゼン、ジクロロベンゼン（工業原料、溶媒、殺虫剤）など

6. 食品添加物
　スクラロース（人工甘味料、三塩化ショ糖）

7. 工業用化学品
　PCB（禁止）、ホスゲン（工業原料）、四塩化炭素（消火剤、防火剤）、フロンガス（特定フロンは禁止、代替フロンは塩素含まず）、塩化メチレン、塩化パラフィンなど

8. 毒ガス
　ホスゲン、マスタードガス、CNガス、CSガスなど

9. 中間原料に有機塩素剤を使うもの
　ウレタン、合成洗剤、四エチル鉛（ガソリン添加剤、世界でほぼ禁止）、染料、合成グリセリンなど

10. ダイオキシン類（化学商品ではなく、非意図的生成物）
　PCDD（2, 4, 5-TやPCPに不純物として生成しやすい）、PCDF（PCBに不純物として生成しやすい）、コプラナー PCB（PCBの一部）

出典　磯野直秀『ヒトと人間』保健同人社、1974年、などを参考に戸田作成
＊　「油症事件とPCB汚染を考える2018長崎展」長崎ブリックホール、2018年9月2-15日に一部簡略化して展示。

と戦争を始めたのか。後の米国にとってのベトナム戦争と同様に、日中戦争は泥沼化していた。戦争継続には石油が必要だった。当時の産油国は米国とオランダ領インドネシアだった（中東産油国の登場は戦後である）。中国政府は米国

に、日本に圧力をかけてほしいと頼んだ。米国政府は日本に、中国から撤退しないと石油を売らないぞと言った。インドネシアを占領して石油を入手するには、オランダ軍はともかくとして、強力な米英軍がじゃまになる。そこで成算はなくても米英と戦うしかなかった。つまり米英との戦争の原因は、中国侵略であった。では中国侵略（日中戦争）の原因は何であったか。明治維新のころには、英仏米蘭などによって、アジアの多くの地域が植民地化されていた。明治日本の支配層（政府と軍部の主流、さらに財界）は、中国や朝鮮と連帯して欧米帝国主義に対抗するのではなく、「後発帝国主義」として欧米の列強と対等になることを目指した（福沢諭吉のいう「脱亜論」）。「明治政府はロシア脅威論に基づき、朝鮮半島への攻勢防御的な膨張主義戦略をとったため、軍事ソフトとりわけ陸軍のそれは攻勢主義的なもの（対外侵略を前提にしたもの）へと傾斜していった」（山田 2018：79）。もちろん「帝国主義」というと人聞きが悪いので、建前は「日本がアジア解放のために欧米帝国主義と戦う」ことになっていた。日清戦争は朝鮮での権益・覇権をめぐる戦争であり、日露戦争は朝鮮・中国東北部（満州）での権益・覇権をめぐる戦争であった。日露戦争は、後の日米戦争と同様に、「帝国主義同士の戦争」であった（アジアに対しては、日本の侵略戦争）。台湾を取得し、韓国を併合すると、富国強兵を進めるために中国東北部への進出を求めるようになった。謀略によって傀儡国家である満州国を設立する。政府は軍部の暴走をおさえることができず追認を重ねた。明治憲法体制はいわゆる「統帥権の独立」で、軍は政府でなく天皇に直属することになっており、軍の上層部はこの仕組みをうまく活用した。モンゴル地域などにも権益を拡大したいという野望が出てきた。満州国を維持し、さらに権益を拡大するために日中戦争を開始し、それが泥沼化したのである。つまり、日清戦争から敗戦までの「50年戦争」の政治的経済的要因を考察することによって、「先の戦争の原因」についての理解が得られるのである。真珠湾攻撃以降だけを見ても戦争の原因はわからない。日本の戦争の全体像については、研究者や国会議員による文献があるので、参照されたい（後掲の「戦争の原因を考える平和教育のための25点の必読書」）。

　米ソ冷戦の終結後は、「イスラム〔過激派〕の脅威」「残存共産主義〔北朝鮮・中国〕の脅威」などが強調されてきた。他方で「キリスト教〔過激派〕の脅威」

「資本主義〔利潤第一主義〕の脅威」「米国の脅威」などは忘れられる傾向にある。注意が必要だ。イスラムについても非国家組織（ISなど）の脅威が強調され、親米神権独裁国家の脅威（サウジアラビアのイエメン空爆で民間人誤爆多発など）は軽視される。テロの脅威が叫ばれるときは、国家テロ（激しい空爆など）から目がそらされることが多い。「コラム1　宗教と暴力」参照。

コラム1　宗教と暴力

　イスラム教は暴力的で変な宗教だという誤解がはびこっている。イスラム過激派のテロが頻発しているのは事実であるが、大半のムスリムは温和な人びとである。過去1000年以上を振り返ると、もっとも暴力的なのは、キリスト教であった。十字軍によるイスラム教徒とユダヤ教徒の大量虐殺、ユダヤ人虐殺、異端審問、魔女裁判、新大陸先住民虐殺など。ラウル・ヒルバーグも、マルチン・ルターの反ユダヤ主義的暴言（虐殺を扇動しかねない）について述べている（ヒルバーグ 1997）。米国大統領の就任式では聖書を前に宣誓し、米軍の主要な作戦では従軍牧師と従軍神父が祝福を与えるので（テニアン島から広島・小倉〔そのあと長崎〕を目指したB29も同様）、原爆投下も広い意味では「キリスト教国家テロ」と言ってよいかもしれない。アフガニスタン報復戦争に際してブッシュ大統領（当時）が「十字軍」と口走った（後に撤回）ことも想起される。『核発電の便利神話』の「コラム11　宗教と暴力」（戸田 2017：124）で述べたように、旧約聖書民数記31章では、神がモーセに敵（女・子どもを含む）の大虐殺を命じている。

　キリスト教（ハルセル 1989参照）、イスラム教に比べると、仏教は温和な宗教である。日本では、世界でも珍しい「仏教テロ」が発生した。オウム真理教は、チベット仏教を曲解して、テロを正当化した（藤田 2018）。「ポア」という隠語もチベット仏教に由来するが、もちろん本来は殺人という意味はなかった。もっとも、キリスト教からハルマゲドンの概念を密輸入するなど、宗教理論として破綻していた。日本人はときどき仏教を暴力的に解釈する。血盟団事件（1932）は右翼テロであったが、実行犯に日蓮宗僧侶が入っていた。日本陸軍の石原莞爾は満州事変の首謀者のひとりとして知られるが、日蓮思想の歪んだ解釈によって戦争計画をたてたのである。石原は中国侵略によって日本の国力を増大させたうえで1960年代に日米最終戦争を行うことを想定していたので、「時期尚早の日米開戦」には反対した（片山 2012）。

　神道はどうだろうか。戦前の国家神道、靖国神社は戦争とかかわりがあった。戦後の日本会議など神道系団体は、先の戦争の美化や集団的自衛権・改憲の推進など、文化的暴力にかかわりがあると言わざるをえない。神道系新興宗教である大本教（戦時中、弾圧された。エスペラント普及活動でも知られる）などは、平和主義

的である。

　もっとも平和的な宗教は、ジャイナ教（仏教と同時期に始まったインドの宗教）とクエーカー教（フレンド派。キリスト教新教の一派で、奴隷制反対、良心的兵役拒否、核兵器廃絶、死刑制度反対などに尽力）であろうか。「歴史的平和教会」には、クエーカーのほかに、メノナイト、ブレザレンがある。聖書には、平和を求める章句も少なくないので、いくつか紹介しておこう。「主は国々の争いを裁き、多くの民を戒められる。彼らは剣を打ち直して鋤とし、槍を打ち直して鎌とする。国は国に向かって剣を上げず、もはや戦うことを学ばない」（旧約聖書イザヤ書２章）、「平和を実現する人びとは、幸いである。その人たちは神の子と呼ばれる」（マタイ伝５章）、「剣を取る者は皆、剣で滅びる」（マタイ伝26章）。キリスト教平和主義の古典は、トルストイの『神の国は汝らの衷にあり』である。

　「宗教の曲解による殺人の正当化」と「マルクス思想の曲解による殺人の正当化」の比較研究も必要だ。

　20世紀後半からの国際社会が直面する大きな問題は、「米国がやたらに武力行使」するのをどう制御するかということだろう。「米国の戦争」については、いくつかの重要な文献がある（同じく「戦争の原因を考える平和教育のための25点の必読書」を参照）。2003年刊行の本が多いのは、イラク戦争の年だからである。アンドレアス（社会学者・漫画家）の著書は漫画なので、一番わかりやすい。視野は広く、米西戦争に続くフィリピン戦争での住民虐殺（推定60万人）などについても言及されている。チョムスキーは言語学者であるが、政治学者・平和活動家でもある。ダワーは吉田茂研究で博士号を得た日本近代史専攻の歴史学者で、辺野古新基地にも反対している。ダワーの著書は「日本語版序文」にトランプ政権へのコメントがあり、最新状況も含めた「アメリカ問題」を概観できる。土井はジャーナリストで脱原発などの活動家である。ロイはインドの作家・活動家。ラミスは元海兵隊将校、政治学専攻、元津田塾大学教授、沖縄在住で、辺野古新基地に反対している。ジン（故人）は第二次大戦で陸軍航空隊の爆撃担当兵士、著名な歴史家であった。ブルムは元国務省職員である。陸軍出身のアイゼンハワー大統領が1961年の退任演説で「軍産複合体」について警告したが、「米国の公共事業は戦争」と言われるくらい、軍需産業への依存度が高い。トンキン湾事件（1964）やイラク脅威の捏造（2003）のように、開戦のための謀略も平気で行う。ハラブジャ事件（1988年にクルド人への毒ガス攻撃）の

表3　国家の暴力行使

	正当とされる暴力	違法な暴力	備考
戦争	正当とされる戦争における敵戦闘員の殺傷	都市無差別爆撃、誤爆による民間人の殺傷、病院などの民間施設攻撃、捕虜の殺害・虐待など	連合国のナチスドイツへの武力行使は正当とされるが、ドレスデン大空襲などは戦争犯罪。連合国の日本への武力行使は正当とされるが、原爆投下や東京大空襲などは戦争犯罪。米国のベトナム、グレナダ、パナマ、アフガニスタン、イラクなどへの武力行使は不当であるとの声が高まりつつある。ベトナムのカンボジア（クメール・ルージュ）への武力行使は正当であるとの意見が多い。
死刑	適正な裁判を経た凶悪犯罪者の処刑・処罰	誤認による罪なき人の処刑・処罰（冤罪）	先進国で死刑存置は日米のみ。代表的な死刑存置国は中国、北朝鮮、イラン、サウジアラビアなど。イスラム大国で死刑廃止はトルコ。マルクスは死刑廃止論者だった。

出典　戸田作成

ようにフセイン政権が本当に脅威だったときには、それを放置した。米国が「軍事大国主義」であることと、先進国のなかで米国が（日本と並んで）死刑制度に固執していることは、無関係でない。民間人への誤爆は、倫理的には冤罪による死刑と似ている（表3）。死刑を廃止した欧州諸国も空爆には参加するので（特に核保有国である英仏）、そこは矛盾が残ることになる。「コラム2　死刑制度について」参照。

コラム2　死刑制度について

　歴代米国大統領のなかでもっとも尊敬されているエイブラハム・リンカーンは1863年、先住民指導者38人を内乱罪により公開絞首刑、数千の市民が見物した（土井 2015：86；戸田 2017：100）。奴隷解放の偉人だが、先住民の目から見れば帝国主義者・レイシストである。

　東京裁判（極東国際軍事裁判）で7人（東條英機ら陸軍6名と広田弘毅元首相）の死刑が執行されたのは1948年のことであった。7人の死（死刑執行による死を一般に「刑死」と言うが、靖国神社の遊就館では彼らを「法務死」という）の70周年にあたる2018年に政府は同じくオウム真理教の「同日7人執行」を行ったのである。

　「13人を一挙に死刑執行」では国際社会から「ジェノサイド」呼ばわりされるので、とりあえず7月6日に「麻原彰晃（本名松本智津夫）と主要幹部の計7人で過半数を片付ける」ことにしたようだ。大日本帝国憲法時代の「同日最多記録」は1911年の「大逆事件11人執行」（これも107周年というように7がつく）であろう。

このときは同一拘置所なので11人が限度であり、あとの１人は翌日にまわされた。今回は、あとの６人が７月26日の「早朝ほぼ同時」となった。

アムネスティ・インターナショナルによると、世界で142か国が死刑廃止国である。全面廃止は106か国、存置56か国のうち執行は23か国、事実上廃止は29か国、通常犯罪のみ廃止は７か国（片岡ほか 2018：27）。OECD諸国で死刑制度を有するのは日米韓のみであり、金大中政権以来「執行モラトリアム」の韓国はまもなく廃止国の仲間入りをするだろう。EU加盟を切望するトルコも今世紀に死刑を廃止した。コスタリカの死刑廃止は1877年、ベネズエラは1863年、サンマリノは1865年だった。「中国、北朝鮮、イラン、サウジアラビア、日本、米国」に代表される死刑制度存置国（自称社会主義の独裁国家、神権政治の国、「民主主義の劣等生」である日米が並んでいる）。2011年の連続テロで77人を殺して収監中なのはブレイビーク（キリスト教原理主義者）だが、冷静で理性的なノルウェー人が「死刑制度を復活して奴を吊るせ」と叫ぶことはない。「日本版ブレイビーク事件」である2016年の相模原障害者施設殺傷事件（19人を殺害。こちらのイデオロギー＝思想ないし妄想は、優生思想）は、裁判員裁判が予定されている。殺人が死刑の対象となることは世界共通だが、ほかに中国では麻薬製造販売、公務員の汚職など、マレーシア・シンガポールで麻薬犯罪、イランで不倫、などが死刑に該当する。2017年の執行数上位はいつものように中国、イラン、サウジアラビアなどである（『朝日新聞』2018年９月９日９面）。中国政府の初心を振り返ってみると、本来はマルクスの死刑廃止論の影響（？）がうかがえる（表）。

抑止効果（エビデンスはない）ばかりが議論され、「〔犯罪〕誘発効果」についての議論が少ないのも不公平だ。土浦事件（2008）は秋葉原事件（2008）に影響を与えたし、池田小学校事件（2001）の犯人は死刑になりたかったので控訴を取り下げた。冤罪のリスク（飯塚事件ほか）があるのに死刑存置にこだわるのは、①エリート（裁判官を含む）無謬説、②社会防衛のためには少数の犠牲やむなし、のいずれかが理由だろう。土浦事件については、読売新聞水戸支局取材班 2016参照。

死刑制度について再考、熟考すべきときである。

余談であるが、「有名な死刑」を少し見てみよう。

1595年　豊臣秀吉が甥・秀次（切腹）の妻子や家臣など多数（29人？　39人？）を公開処刑

1649年　チャールズ１世公開斬首（クロムウェルにより）

1757年　ルイ15世暗殺未遂のダミアンをすさまじい公開処刑（トマス・ペインやミシェル・フーコーの著書で言及）

1793年　ルイ16世公開ギロチン。同年王妃も（ロベスピエールにより）

1918年　ニコライ２世一家と侍医ら11人を地下室で銃殺（レーニン政権により）

マルクスは死刑廃止論者だったが、ボリシェビキの「銃殺好き」は、ミハイル・ショーロホフの『静かなドン』(1928-1940) にも描かれている。ソ連崩壊の遠因のひとつだろうか。豊臣秀吉とブッシュ・ジュニアは、400年の開きがあるが、「侵略戦争と死刑で悪名高い人物」であると言える（朝鮮侵略で悪名高い秀吉の「業績」にはほかに「1597年カトリック26聖人処刑」などがあり、イラク侵略戦争で知られるブッシュはテキサス州知事時代に死刑の署名を乱発した）。

　【付記】国際社会で民主主義を代表するのは欧州諸国（英独仏、北欧など）である。石炭火力への固執などパリ協定（気候変動対策）などへの対応に照らしてドナルド・トランプ（あるいはブッシュ・ジュニア）や安倍晋三などを見ていると「民主主義の劣等生」であることがよくわかる。また、ILOの労働時間関連の18条約をひとつも批准していない先進国は日米だけである（筒井 2018）。

　参照　死刑確定後再審無罪事件　http://www.maroon.dti.ne.jp/knight999/muzai.htm

表　日本人BC級戦犯への国別の死刑執行数

	死　刑	終身刑
米国　1945-49年	140	164
英国　1946-48年	223	54
豪州　1945-51年	153	38
オランダ　1946-49年	226	30
中華民国　1946-49年	149	83
フランス　1946-50年	63	23
フィリピン　1947-49年	17	87
以上の合計	971	479
中華人民共和国　1956年	0	0

　出典　中国帰還者連絡会編 1987：214-215の表を簡略化
　＊　連合国のBC級戦犯裁判では冤罪も少なくなかったと指摘されている。1946-48年の東京裁判（極東国際軍事裁判）はA級戦犯に対するものなので、また別の話である。

　安倍政権が朝鮮半島情勢の改善方向にもかかわらずイージス・アショアへの固執など軍事費増大にこだわるのも、米国の軍需産業に奉仕するためと言われている（対米従属ではカジノ法も同様で、米国などのカジノ資本の利益をはかるため）。安倍晋三は2018年9月20日の自民党総裁選で勝利したので（「正直」をかかげて地方票の45％を獲得した石破茂の善戦で「圧勝」のもくろみは破綻した）、改憲・対米従属的軍事大国化の路線にまい進しようとするだろう（渡辺 2018参照）。9月30日の沖縄県知事選挙では、玉城デニーが過去最多の39万票を獲得して8万票差で圧勝し、辺野古新基地反対の民意が再確認された。自民・公明・維新推薦で日本会議に近い対立候補は、辺野古争点隠しに終始した。2019年2月の県

民投票および同4月の沖縄衆院補選でも圧倒的な民意が再確認された。

　「ソ連型 (自称) 社会主義の恐ろしさ」はたいていの人が知っているが (知らなくても聞いているが)、「資本主義の恐ろしさ」については大半の人が無自覚である。貧困と格差、戦争、環境破壊、金融危機など、これでいいのか、改めて熟考すべきだろう (ハーヴェイ 2017ほか参照)。「利潤第一主義」の弊害を直視することが必要だ。

　アンドレアスや新原昭治などが引用しているスメドラー・バトラー元海兵隊少将の発言 (1935) がもっとも象徴的なので、引用しておきたい。ウィキペディア英語版の「スメドラー・バトラー」には外部リンクも含めて膨大な資料が収録されている (https://en.wikipedia.org/wiki/Smedley_Butler 　https://everipedia. org/wiki/lang_en/Smedley_Butler/　2018年8月30日アクセス)。

「私は、33年と4か月間、わが国のもっとも敏捷な軍事力——海兵隊の一員として現役任務を経験した。そして、少尉から少将まですべての任官の階級を勤めた。そしてこの期間、ほとんどの日々を、大企業とウォール街と銀行家のための、高級雇われ暴力団員として過ごした。端的に言えば、私は資本主義のためのゆすり屋だった。当時から自分が、ゆすり屋のまさしく一翼ではないかと疑ったものだが、いまではそれを確信するに至った。職業軍人のだれでもがそうであるように、軍務を離れるまでは、私も決して独自の考え方は持っていなかった。上官の命令に従っているあいだは、私の知的能力はずっと一時停止状態にあった。これは、軍務に服しているすべての者に典型的なことである。そんなわけで、1914年にはアメリカの石油権益のために、メキシコ、とくにタンピコを安全にする手伝いをした。ハイチやキューバを、ナショナル・シティ銀行の連中が税金を徴収するのにふさわしい場所にするのを助けた。ウォール街のために、10あまりの中央アメリカの半分の国々を略奪するのを助けた。ゆすりの経歴は長い。1909-12年にはブラウン・ブラザース国際金融会社のために、ニカラグアの浄化を助けた。1916年に、アメリカの砂糖の権益のためにドミニカ共和国に火をつけた。1903年には、アメリカの果物会社のためにホンジュラスを"申し分のない"ものにした。中国では1927年に、スタンダード石油が妨げられずにやれるようにするのを助けた。これらの年月のあいだ中、舞台裏の連中がよく言うように、粋な悪事にありついた。そして、叙勲と勲章と昇級で酬いられた。ふりかえって見るとき、私だってアル・カポネ (新原訳注　米国の禁酒法時代、酒の密売巨額の利益を手にしたギャング) に、1つや2つくらいのヒントなら与えられたのではないかという気がする。アル・カポネにできたのは、せいぜい市内の3つの区域でゆすりを働くことだった。われわれ海兵隊は、3つの大陸で働いたのだ。」(新原 2007：118-119；戸田 2009：97-98)

2　戦争の社会構造的要因　19

トランプ政権の概要と弊害については、カナダのナオミ・クラインの新著（クライン 2018）が詳しい。ノーム・チョムスキー、ビル・マッキベン、アルンダティ・ロイがこの本を必読書と評したそうであるが、当然であろう。この本にそって少し見てみよう。クラインは序章で「トランプは極端な人物ではあっても、異常というより、ひとつの論理的帰結──過去半世紀間に見られたあらゆる最悪の動向の寄せ集め──にすぎない」と指摘する（クライン 2018：11）。「トランプがつく嘘の特徴は、大きな嘘というより、連続的な嘘だということにある。もちろん、大きな嘘もつく」（同上：67）。不動産業者時代の著書では次のように書いた。「多くの人が、ベストの交渉はウィン・ウィンだと言っている。たわごとだ。相手ではなく、こっちが勝たなければいい交渉とは言えない。相手を叩きのめしてこそ、こちらが得をする結果を手にできるのだ」（同上：170）。このような人物を世界最強国の大統領にしてしまったところに、貧富などの格差を広げる新自由主義時代の社会構造だけでなく、「米国民主主義の未成熟」の一面もあるのだろう。「イギリスを拠点とするある監視団体によると、2017年3月だけでもアメリカ主導の多国籍軍によるイラクとシリアへの空爆で、民間人1500人以上の死亡が申し立てられたという。これはオバマ政権下では記録されたことのない高い数字である（同上：69）。トランプの武力行使といえば、安保理決議なしの2017年4月と2018年4月の派手なシリア攻撃（主に巡航ミサイルで軍事施設へ）が思い浮かぶが、報道されない「日常的」な空爆で着実に民間人への誤爆が増える可能性が確実に高まる。この2017年4月の件では、習近平との会食中にチョコレートケーキを食べながら巡航ミサイルの攻撃命令を出したと本人が明かしたが、多くのメディアは「大統領にふさわしい」とそれを称賛したという（同上：317）。「トランプは公然と、新たな核『軍拡競争』を呼びかけている──こんなことは1980年代以来、とんと耳にしなくなっていたのに。トランプは報復原理が理解できないと見え、外交政策顧問たちに向かって、なぜアメリカが核兵器を使用してはいけないのかとくり返し尋ねたと報じられている。また、トランプに巨額の献金をしてきたシェルドン・アデルソン〔ラスベガスのカジノ王〕はかつて、イランを核兵器で脅すことが必要だと発言している」（同上：205）。オバマ大統領（当時）は2016年に被爆地に思いをはせ、広島原爆資料館をわずか数分間で「見学」したが、トランプは被爆地

に対してどういう認識、感情をもっているのだろうか聞いてみたい。

　1989年に10代半ばの黒人とヒスパニック系の少年5人が白人女性強姦の容疑で起訴されると、トランプ（当時はただの財界人）はニューヨークで発行されている日刊紙数紙に死刑復活を求める全面広告を出した。その後DNA鑑定で5人の潔白が証明されたが、トランプは謝罪も発言の撤回もしなかった（同上：118）。冤罪に無関心で死刑推進の法律観が浮かび上がる。なおテキサスやフロリダと違ってニューヨークは死刑を廃止している（米国では存置州と廃止州がほぼ半々である。なお死刑制度については「コラム2　死刑制度について」を参照）。パリ協定（2015）を敵視しているトランプ政権は化石燃料の開発と消費を奨励しているので、環境汚染と気候変動（地球温暖化）においても破滅的な事態が予想される（なお、2030年の電力の石炭依存度を26％と想定する日本も「パリ協定劣等生」だ）。「第8章　惨事の親玉たち」では、トランプ政権の閣僚たち（多くはゴールドマンサックスなど財界や軍幹部出身）がこれまで何をやらかしてきたかを詳述しており、大変興味深い（同上：第8章）。さらにクラインは、トランプの金権政治に抗して、これまでの大衆運動の実績をふまえて"人と地球を守る私たちの対抗戦略"をどのように構築すべきかの提言と展望についても詳述しており、こちらも説得力がある（同上：第四部）。相模原事件の被告の診断名のひとつは「自己愛性パーソナリティ障害」とのことであるが（月刊『創』編集部編 2018）、トランプこそ、それではないだろうか。「アメリカ・ファースト」というよりも「金持ち（富裕層・大企業）ファースト」「トランプ家ファースト」に見える。金権政治（plutocracy）である。デモクラシーの対立概念が「権威主義」および「プルトクラシー」であることを覚えておこう。

Q&A1　日本はなぜ「あの戦争」をしたのか？
1．太平洋戦争の原因は日中戦争にあり、日中戦争の原因は満州事変にあった。
2．明治日本の富国強兵政策と帝国主義政策が50年戦争（日清戦争から敗戦まで）と15年戦争（満州事変から敗戦まで）をもたらした。
3．富国強兵政策と帝国主義政策をもたらした要因に、明治憲法体制、山県有朋の主権線・利益線演説（1890）、吉田松陰の朝鮮属国化思想、福沢諭吉の脱亜入欧思想、財界の意向（戦争で儲かる）、日清・日露戦争の勝利による多くの国民の陶酔などがあった。

2　戦争の社会構造的要因　21

４．侵略戦争の始まりは豊臣秀吉の朝鮮侵略であった。明治日本の支配層は、秀吉の思想（朝鮮侵略とその後の中国進出構想）は時期尚早でやり方にも問題があったが、その思想自体は正しいと考えた。大日本主義（領土拡張）を批判する勝海舟、幸徳秋水、石橋湛山などは少数意見にとどまった。

Q＆A２　米国はなぜよく戦争・武力行使をするのか？

１．戦争で儲かる財界（第二次大戦後は軍産複合体）の意向。資源と市場の獲得。
２．超大国・覇権国志向、帝国主義。まず中南米を裏庭に。大英帝国の次の覇権国をめざした。
３．第二次大戦後（冷戦時代）の反共・反ソイデオロギー。
４．民主主義は「力の思想」（軍事大国主義・死刑存置を含む）と両立するという思想。最近では「反テロ」宣伝の活用。
５．「米国人があまり死なない戦争」も武力行使の敷居を下げるであろう。20世紀の世界大戦は欧州に大量死（第一次大戦の英独仏、第二次のソ連、非戦闘員のホロコーストなど）をもたらしたが、米国の死者は少なかった。米国史で最大の戦争は依然として19世紀の南北戦争（死者60万）である。
2015年安保法制などにより、安倍政権は米国の戦争への協力を深めようとしている。

Q＆A３　そもそも人類はなぜ戦争をするのか

１．人類の歴史は原始（非常に長い、人口は少ない）、古代、中世、近代にわけられるが、原始時代に殺人はあっても戦争はなかった。古代文明・階級社会の成立とともに（海外では四大古代文明、日本では弥生時代から）戦争が始まった。農地の争奪、富と権力の格差、人口増加、戦争を鼓吹する文化などが要因である。なお原始時代・縄文時代の生活も過酷でそれなりに暴力的であり、「環境調和的で格差のない平和なユートピア」ではなかった。
２．古代奴隷制、中世封建制、近代資本制のいずれにおいても資源や市場の争奪（近代では財界の意向）、富と権力の格差、人口増加、暴力鼓吹の文化などが戦争をもたらした。
３．男性は女性よりも暴力的であり、男性中心の社会構造が戦争や犯罪を増加させる（類人猿ボノボの教訓）。
４．石油などエネルギー資源の争奪が近代の戦争の大きな要因であり、石油文明・原子力文明の凋落と再生可能エネルギー100％社会の再来、世界人口の減少への転換（22世紀頃）に、ポスト近代における暴力減少のチャンスがあり、そのための私たちの努力が求められる。

暴力の生物学的背景

　暴力や戦争は人間の「本能」と関係があるのだろうか。人間に近縁な生物はチンパンジーとボノボである。人類とチンパンジー属の進化的な分岐は700万年前と言われる。「近い親戚」(ネアンデルタール人をはじめとする約25種類の人類)はすべて絶滅したので、行動観察では「遠い親戚」(チンパンジー属)と比べるしかない。同じチンパンジー属でも、チンパンジーとボノボには大きな違いがある。ボノボの起源については、100万年ほど前にコンゴ川の水量が少なくなったときに川をわたって南にはいったチンパンジーがボノボに進化したという古市剛史らの学説が有力である。再びコンゴ川が増水したので両種は隔離され、現在に至っている。チンパンジーは暴力的、ボノボは平和的であるから、人間の遺伝的レパートリーには両方があるのだろう。ヒトは「遠い親戚」に比べて暴力的である(表4)。本書で詳述するつもりはないが、参考までに紹介すると、生物学や進化心理学などの視点から暴力を考える良書は少なくない(山極 2007；若原 2016；ランガム・ピーターソン 1998ほか)。平和教育は社会科の専売特許ではない。

　老人や女性に比べると、若い男と中年男の暴力性は霊長類学や心理学の研究からも明らかである(ランガム・ピーターソン 1998；ギリガン 2011)。人類と「遠い親戚」を比較観察しても、「男性中心で暴力的なチンパンジーおよびヒト」と「男女平等で平和的なボノボ」はよく対比される。死刑制度のある国では、死刑囚の9割は男である。殺人犯の大半が男だからである。なお、日本政府でさえ後期高齢者(75歳以上)の執行をためらう。帝銀事件や名張毒ぶどう酒事件では、政府がうすうす冤罪を疑い、被告は長生きして獄死した。冤罪を疑われる飯塚事件の被告は、70歳で死刑を執行された。女性の社会進出・決定権への参

表4　ヒト科5種の暴力の比較

	殺人	子殺し	強姦	人口	備考
ヒト（ホモ・サピエンス）	○	○	○	約75億人	
ボノボ（ピグミーチンパンジー、ビーリャ）				約1万人	種の記載は1929年（それまではチンパンジーの亜種と思われていた）
チンパンジー（コモンチンパンジー）	○	○		約10万人	種の記載は1799年
ゴリラ		○		約10万人	種の記載は1847年
オランウータン			○	約3万人	種の記載は1799年

　出典　戸田 2017：121
＊　類人猿を「匹」「頭」でなく「人」と表記するのは、松沢哲郎にならっている。
　　戦前は類人猿を「ショウジョウ科」としていたが、現在では大型類人猿を「ヒト科」に入れている。

表5　OECD諸国の医師に占める女性医師の比率（％）

	比率（％）
ラトビア	74.4
エストニア	73.1
ポーランド	56.9
OECD平均	46.5
英国	45.9
ドイツ	45.7
フランス	44.3
オーストリア	40.0
米国	34.6
韓国	22.3
日本	20.3

　出典　OECD図表で見る医療、2017年
　　　　『しんぶん赤旗日曜版』2018年8月12日・19日合併号43面
　　　　（東京医科大学入試女性差別問題の関連記事）
＊　日本の医学部医学科〔歯学部歯学科、農学部獣医学科も同様〕の女子学生比率も4割台のところが増えている。
　　モンゴルも医師の8割が女性である（上昌広医師寄稿、『朝日新聞』2018年11月30日）。
　　なお日本の有力大学（東大、京大）は女子学生比率（全学部）が24％、英米中の有力大学（オクスフォード、ケンブリッジ、ハーヴァード、スタンフォード、MIT、北京）は38-48％である（『朝日新聞』2019年3月5日）。

画をすすめることは、暴力を減らすための必要条件のひとつだろう。

　東北アジアの安全保障環境を左右する6か国の首脳を見てみよう。もちろん全員男で、温厚な老人1人（韓）、傲慢な老人4人（中露日米）、傲慢な若者1人

（朝）である。ところで、旧共産圏をはじめ欧米は医師の女性比率が高い（表5）。「女性医師の多さ」は、ソ連型自称社会主義の数少ない長所のひとつではないだろうか。東欧革命・ソ連崩壊から20年近くたっても、それは定着している。先の「6人」に占める「温厚〔で誠実有能〕な中高年女性」の比率が増大したら、雰囲気もだいぶ変わるだろう。

　なお、誤解のないようにことわっておきたいが、人文社会科学・自然科学者の識者らによる「暴力についてのセビリア声明」(1986) で「戦争は本能によって起こるというのは、科学的に正しくない」と述べていることは（佐原 2005：160：山川 2008：第11章）、「若年・中年の男は統計的に見て女や高齢者よりも暴力的である」という観察事実と矛盾するものではない。これまでに約25種類の人類が登場し、ホモ・サピエンスだけが生き残った。殺人や襲撃はホモ・サピエンス以前からある。戦争は、ホモ・サピエンスにのみ確認され、人類の歴史の最後の0.1％、ホモ・サピエンスの歴史の最後の5％にのみ見られる「最近の社会現象」にすぎない。霊長類学で「戦争文化複合」という言葉が使われることがあるが、誤解を招くかもしれない。チンパンジーで稀に見られる集団暴力は、人類の「戦争文化」よりはるかに萌芽的なものである。チンパンジーの「戦争文化複合」についての文献を参照されたい（黒田 1999）。

原爆はなぜ投下されたか

　以下、4つの問いを設定して考えていこう。

1．そもそも日本が戦争（侵略戦争）を始めたからなのか？

　第二次大戦は欧州では1939-1945年であるが、アジアでは事実上1931-1945年であった。「15年戦争（アジア太平洋戦争）」という。日本が侵略戦争を始めたから、戦争末期に東京大空襲、原爆投下などの被害を集中的に受けることになったという因果関係を忘れてはいけない。南京大虐殺をはじめとする日本の戦争犯罪が、戦争の末期には東京大空襲、原爆投下など米国の戦争犯罪を招いたのである。日本の平和教育（特に官製の）は被害の面に偏っているとよく言われる。加害と被害の両面を学ばないと戦争は理解できない。たとえば長崎では原爆資料館に比べて、加害の面を中心に展示している岡まさはる記念長崎平和資料館の入館者数が約200分の1にとどまっていることも、加害への関心の薄さを示している。原爆資料館から岡まさはる資料館まで、歩いても約30分。広島市から大久野島までは鉄道と船を乗り継いで約2時間。大久野島の資料館の展示はこの島と関係の深い毒ガス問題に集中しているが、岡まさはる資料館は、朝鮮人・中国人被爆者、強制連行と強制労働、日本軍慰安婦、七三一部隊、南京大虐殺など、展示が多面的である。長崎は、広島や沖縄と比べても、平和教育の社会的資源に恵まれているのである。なお、日本の侵略戦争が原爆投下を招いた（誘発した）ことを岩松繁俊（長崎の被爆者、経済学者）は「招爆責任」と表現している（岩松 1998）。「コラム3　留学生・外国人のための原爆リテラシー」参照。

コラム3　留学生・外国人のための原爆リテラシー

　長崎大学環境科学部で毎年8月、留学生（タイ、台湾、スウェーデン、米国）と長大生（ときに中国人留学生を含む）の混成グループ（約30人）の短期セミナーを行っている。私は岡まさはる記念長崎平和資料館と長崎原爆資料館に学生を案内する。長大生でも「岡資料館は初耳」が大半である。留学生から毎年必ず原爆についての質問が出るので、基本的な資料を共有すべきだと考えた。米国の原爆神話のひとつに「確かに多くの人が殺されたが、生き残った被爆者への健康影響は小さい」というものがある。「小さくない」ことを示す必要がある。とりあえず代表的な英語の学術論文3本（いずれも長崎大学の研究者による）を共有すべきだと考えた。被爆後数年で白血病が増えるが、数十年後になると今度は骨髄異形成症候群が増える。発がんリスクが生涯つきまとう。プルトニウムの体内残留による内部被曝も示唆されている。あわせて概要を英語で解説すべき日本の新聞記事もあげてみた。

1. The incidence of leukemia, lymphoma and multiple myeloma among atomic bomb survivors: 1950-2001, Masao Tomonaga et al, *Radiation Research*, 179, 361-382, 2013（論文タイトル、著者、雑誌名〔イタリック〕、巻、頁、年を示した）
   https://www.rerf.or.jp/library/rr_e/rr1129.pdf
   朝長万左男ほか「被爆者における白血病、リンパ腫、多発性骨髄腫の発生率：1950-2001年」、白血病などについて論述。

2. Myelodysplastic Syndromes in Atomic Bomb Survivors in Nagasaki: A Preliminary Analysis, Masao Tomonaga et al, *Acta medica Nagasakiensia*, 50 (supl.1), 97-100, 2005,
   https://www.researchgate.net/publication/29787277_Myelodysplastic_Syndromes_in_Atomic_Bomb_Survivors_in_Nagasaki_A_Preliminary_Analysis
   https://www.researchgate.net/publication/29787277/download
   朝長万左男ほか「長崎原爆被爆者における骨髄異形成症候群：予備的分析」、「第二の白血病」とも呼ばれる骨髄異形成症候群（Myelodysplastic Syndromes: MDS）について論述

3. Nuclide identification of alpha-emitters by autoradiography in specimen of atomic victims at Nagasaki, Kazuko Shichijo, Toshihiro Takatsuji et al, *IPSHU English Research Report Series*, 28, 70-73, 2012 広島大学平和科学研究センター
   http://ir.lib.hiroshima-u.ac.jp/files/public/3/33627/20141016194052211527/ipshu_en_28_70.pdf
   七條和子、高辻俊宏ほか「長崎原爆被爆者の標本におけるオートラジオグラフィーによるアルファ線放出核種の同定」、被爆者のプルトニウム体内残留によ

4　原爆はなぜ投下されたか　27

る内部被曝を示唆
4．枝松佑樹「65年経ても増える『第二の白血病』　若年被爆　高い発症率　長崎で調査」『朝日新聞』2010年12月15日西部本社版1面
骨髄異形成症候群について解説
5．波多野陽「細胞内にプルトニウム　長崎大原研　被爆者標本で確認」『朝日新聞』2009年8月8日西部本社版夕刊1面
プルトニウム体内残留について解説
6．野上隆生「原爆症と向き合う科学　残留放射線影響説く　発がんリスク一生涯　肝疾患との関連注目」『朝日新聞』2008年8月4日東京本社版3面
広島、長崎の被爆者医療・研究について概説
7．山野健太郎「いちからわかる！　長崎の『被爆体験者』『被爆者』とは違う？　国が決めた被爆地域の外にいた人。医療費支援に格差」『朝日新聞』2016年3月16日東京本社版2面
矢上、香焼などの「被爆体験者」を不当に扱う制度上の問題について解説
　123の英語論文を学生全員（留学生と長大生）に配布することが望ましい。1は米国の有名雑誌、23は長崎大学と広島大学の英文紀要の査読論文である。いずれもインターネット上で全文のPDFファイルが得られる。4567は和文なので、その概要を日本語で留学生に説明することが望ましい。もちろん原爆報道については長崎新聞のほうが詳しいが、長崎大学図書館のホームページからPDFファイルを容易に得られるので、便宜上朝日新聞を利用した。この7件の論文・記事は長崎大学の教養科目「平和講座」でも配布予定である。

　「昭和の戦争はひどかったが、明治の戦争はよかった」（司馬史観）という見方はいまも多い。歴史を振り返ってみよう。

1853年　米国海軍の黒船来航
1854年　日本と琉球が米国に不平等条約を押し付けられる。その後列強から次々に押し付け
1874年　台湾出兵
1875年　江華島事件。日本が朝鮮に不平等条約を押し付ける
1879年　琉球併合（琉球処分）
1894年　朝鮮王宮占領から日清戦争を始める。東学農民3万人を殺害。旅順虐殺事件。1895年台湾領有
1895年　日本公使らが朝鮮の閔妃（明成皇后）を殺害
1904年　日露戦争。朝鮮の保護国化をすすめる

1910年　韓国併合。大逆事件でっちあげ

　明治から昭和まで、日本が侵略戦争、帝国主義間戦争を繰り返してきたことを忘れてはならない（纐纈 1999；吉岡 2007；中塚・井上ほか 2013；週刊金曜日編 2017；山田 2017ほか）。日本帝国主義の「先駆者」は16世紀に朝鮮侵略を行った豊臣秀吉であるが、「源流」は古代にまでさかのぼる。たとえば、8世紀の律令軍制は新羅侵攻を想定した「帝国主義」の軍隊であったと指摘されている（松木・宇田川編 1999：87）。

　ここで私の歴史認識について改めてまとめておこう。

　弥生時代に中国・朝鮮から稲作とともに武器が伝来した。古代日本（倭）にとって、百済が同盟国、新羅が仮想敵国であった（松木2017）。「神宮皇后の新羅征伐」は伝説（虚構）、「日本は任那〔加耶ないし加羅〕を植民地支配した」も事実の歪曲であろう。古代日本の朝鮮半島への派兵は、いまの言葉で言うと「集団的自衛権の行使」であったかもしれないが、おそらく「侵略戦争」ではなかったであろうと思う（ヤマト政権による統一自体が地方勢力にとっては侵略であったし、6世紀の磐井の乱のように北九州の勢力が新羅と結んでヤマト政権に反抗した例もある）。倭の歩兵は高句麗の騎兵に苦戦したと想像される（松木 2017：186）。7世紀の「白村江の戦い」（『日本書紀』巻第27　天智天皇）では、倭・百済連合軍が唐・新羅連合軍に惨敗した（同上：250）。律令体制の日本は新羅侵攻を想定していたが、侵攻することはなかった。なおいわゆる「任那日本府」は、支配の拠点ではなく、外交と交易の拠点であった。よく言われるように、天皇家には、百済王家の血もまじっている。中世に日本は侵攻を受けた。13世紀の元寇である。

　近世の16世紀に秀吉は朝鮮を侵略した（彼の妄想では中国侵略も想定していた）。家康はこれを反省し（善人だったからではなく、秀吉のようなやり方は徳川政権の利益を害すると思ったのだろう）、朝鮮通信使を中心に長い友好関係が続いた。他方で、江戸時代にも侵略戦争が続いたことを忘れてはならない。薩摩藩の琉球侵攻は1609年であった。室町時代から松前藩などはアイヌモシリ（北海道）を侵略した。和人に対するアイヌ民族の抵抗として、コシャマインの抵抗戦争（1457）やシャクシャインの独立戦争（1669）がよく知られている。1789年

にアイヌの武装蜂起（「クナシリ・メナシの戦い」）があり、鎮圧されて中心メンバー37人が処刑された（前田 2018：32）。これは、南北戦争中の1863年にリンカーンが先住民武装蜂起の首謀者38人を公開処刑した事例（戸田 2017：100）を連想させる。1854年に日米和親条約と琉米修好条約という不平等条約が結ばれた。つまり国際社会（欧米）は日本と琉球が別の国であると認識していた。1879年に日本軍と警察が派遣されて琉球王国が廃止され、沖縄県が設置されたが、沖縄は日本の一部でなく別の国だったので、「琉球処分」ではなく「琉球併合」と呼ぶべきだと前田朗や松島泰勝は指摘する（前田 2018；松島 2018）。韓国併合（1910）が念頭にある。こうした近世の一連の事態を念頭に、前田は「日本植民地主義の500年」を指摘する。なお明治初期に日本と中国（清）が琉球分割交渉を繰り返し行ったことも（結局分割はされなかった）、「日本の一部でなかった」ことを示唆している。琉球併合のときに派遣された日本軍・警察が約500人であった。2016年に人口140人の東村・高江に建設されるオスプレイ発着場建設への抵抗運動を阻止するために、安倍政権は本土（首都圏、愛知、大阪、福岡）から約500人の機動隊を送った。沖縄県警では「生ぬるい」と思ったからだろう。あの「土人」暴言は大阪府警機動隊員によるものだ。2014年に暴力団の工藤会のトップを摘発する作戦でも、福岡県に派遣された応援の機動隊員が約530人であった。「3つの約500人」である（阿部 2017：46）。

　旧幕臣である勝海舟は日本帝国主義に批判的であり、明治の支配層と親しい福沢諭吉は日本帝国主義を扇動した。明治日本は侵略を再開し、昭和まで続いた。その記憶もあるので、戦後の日本企業の進出が「経済侵略」と呼ばれることがある。

2．マンハッタン計画が実行され、米英はドイツ降伏のずっと前から日本を標的としていたからではないか？

　そもそも原爆開発のマンハッタン計画は、ナチスドイツに先を越されないために1942年に秘密裏に開始されたものであった。1938-39年に核分裂を発見したのがドイツの科学者だったからである。1939年のドイツ語論文は世界中で読まれ、オットー・ハーンは1944年のノーベル化学賞を受賞した。3人の共同研究であるが、ハーンがノーベル賞を独占し、若手のシュトラスマンとユダヤ系

女性リーゼ・マイトナーの貢献は無視された。核融合の発見（太陽の解明）もドイツ人科学者によるものであったが、ユダヤ系のハンス・ベーテは亡命したので、1939年の英語論文となった。ハーンのノーベル物理学賞は1967年である。原爆は核分裂爆弾、水爆は核融合爆弾である。いわゆる「純粋水爆」はできておらず、現在の原爆は起爆装置としてプルトニウム原爆を必要としている。原爆開発の副産物として戦後直ちに原潜と原発が「実用化」された。核融合発電「実用化」の見通しはまったく立っていない。

　1944年9月のハイドパーク協定でローズヴェルト大統領とチャーチル首相は「原爆の標的はドイツではなく日本人である」と合意した。「日本（Japan）」ではなく「日本人（Japanese）」である。日本人は白人でないからという意識があったことは否定できない（岡井 2010）。ヒトラーの自殺は1945年4月、ドイツの降伏は同5月。通常の説明でドイツでなく日本に投下しようとした理由は「ドイツは科学技術大国なので、死の灰を分析して原爆の工業的ノウハウをすぐに解明して報復してくるから」だとされている（ドイツが原爆完成前に降伏したのは結果論。核分裂の発見はドイツ人科学者だが、原爆の工業的ノウハウとは別問題）。日本はドイツほどの技術大国でないことに加えて人種偏見（アジア人差別）の要因もあったであろう。

　1944年9月　米英第2回ケベック秘密会議（ハイドパーク協定）
　1944年12月　原爆投下部隊編成（B29による）
　1945年2月　部隊基地をテニアンに設置（グアム付近）
　1945年5月　ドイツ降伏
　　　　　　（長崎大学教養科目平和講座、冨塚明、2018年11月7日のスライドに加筆）

　「B-29はすでに1943年8月のケベック会談で対日戦専用とされ、ドイツ空襲に使用されることはなかった」（ウィキペディア「B29（航空機）」）。B29は戦後に朝鮮戦争でも使われた。ベトナム戦争ではB52が「活躍」した。 他方、1945年2月のドレスデン大空襲は2万人以上の死者を出したが、これは約800機の英国空軍によるものであった。

3．天皇、政府、軍部が戦争終結を長引かせたからなのか？

　1945年2月14日の近衛文麿元首相の上奏（意見具申）に際して昭和天皇は、降伏条件の交渉について「もう一度、戦果を挙げてからでないとなかなか話は難しいと思う。」と述べた。このエピソードは有名なので、ウィキペディア日本語版の「近衛上奏文」でも詳述されている。「国体の護持」（結局のところ天皇の地位と生命の安全）を求めて天皇、政府、軍部が戦争終結を長引かせたことが、東京大空襲、沖縄戦、原爆投下、ソ連参戦などを招いたことは否定できない。

　他方、国民と連邦議会に隠して20億ドルを投じたことで、使用しないと説明責任を問われる米国政府にとっても、原爆投下前に日本が降伏しては困るわけで、兵器工場や国鉄などへの空爆を手加減したと推測される。たとえば1945年8月14日（！）の第8回大阪大空襲（B29が約150機。幼い小田実が体験した）で、大阪陸軍造兵廠が主要標的であったことは、「兵器工場温存策の状況証拠」（物理学者・藤田祐幸が生前に強調したことでもある）のひとつであろう（島本 2006：ウィキペディア「大阪大空襲」参照）。もうひとつ例示するなら、やはり終戦間際の8月7日に愛知県豊川市の豊川海軍工廠が124機のB29に空襲を受け、2600人以上が犠牲になった（しんぶん赤旗日曜版2018年12月9日21面）。

　米国でよく言われる「原爆が戦争の終結を早めた」という言説は誤解を招く。ノルマンディー上陸作戦（1944）の連合軍死者は1万人以下と言われている。1945年秋に九州上陸作戦、関東上陸作戦、日本枯葉作戦（ベトナム枯葉作戦とは異なる除草剤なので、ダイオキシン問題はない）が想定されていた。米軍上層部は日本上陸作戦の米軍死者を数万と予想した。1945年12月までの広島・長崎の死者は約21万人（両市当局の推計）である。トルーマンらは「数万」では少なすぎると考え、「想定死者100万」と誇張して、「原爆で多くの若い米兵の命が救われた」と主張したのであった。実情は「原爆が終戦を早めた」のではなく、「日米双方が戦争を引き延ばしたから原爆投下に至った」のである。

　ローズヴェルトが「近くの無人島に使用して日本政府を威嚇する」「事前警告のうえで都市に使用する」の選択肢も考慮していたのに、彼の死後、トルーマンとバーンズ国務長官が「事前警告なしで都市に使用」の方向に議論を誘導したことも重大だ（有馬 2018）。なお、「軍事目標に使用」の選択肢もあったが、破壊力が大きいので、これは「都市に使用」に帰着してしまう。ところでト

ルーマンは高校卒、バーンズは高校中退、ローズヴェルトはハーヴァード大学卒であった。私は学歴主義者ではないが、トルーマンとバーンズの場合は、国際法などについての無教養（戦争犯罪への無頓着など）が愚行をもたらしたことを否定できないように思う。

4. 米国政府の連邦議会への説明責任（巨額の国費）、対ソ威嚇、人体実験の意図などからなのか？

　米国政府（大統領、戦争長官、軍部）は国民と連邦議会に隠して20億ドルの国費をマンハッタン計画につぎこんだ。副大統領にさえ秘密だったので、ローズヴェルトの病死に伴う大統領昇格の直後に原爆のことを告げられたトルーマンも仰天した。使用しなければ戦後の議会で説明責任が問われる。会議ではバーンズ国務長官の主導により（有馬 2018）、「事前警告なしに都市に投下」することになった[2]。目標として広島、小倉、長崎、新潟が選定された。8月9日には、朝早く長崎に米軍の気象偵察機が近づいたときに警戒警報、空襲警報が発令され、その後空襲警報は解除されたが、第一目標の小倉で視界が悪く投下できずに長崎にやって来たB29によって投下されたと、被爆者の講話ではよく言われる。ローズヴェルト政権に比べてトルーマン政権は反ソ色が強かったので、対ソ連威嚇の要素もあったであろう。戦後は英国の平和主義者バートランド・ラッセルでさえ、ある時期までは「ソ連が原爆を保有する前に先制核攻撃をすべきだ」と主張していた（イーズリー 1988）。複数のウラン原爆と複数のプルトニウム原爆の在庫があって各1発ずつを選んだのなら「意図的な比較実験」と言えるのだが、その時点で利用できる1発を使用したのであった。結果的に「（ウランとプルトニウムの）比較人体実験」になったと言える（木村・カズニック 2010など参照）。

　ところで原爆投下命令は7月25日、ポツダム宣言公表は7月26日であった。ポツダム宣言を早く受諾されると困るので、天皇条項は原案より曖昧にされた。日本政府は8月10日（ポツダム宣言受諾通告と同じ日）に、原爆の非人道性と国際法違反を、中立国を通じて米国政府に抗議した。原爆投下命令の内容は「8月3日以降の天気の良い日に投下せよ」との趣旨で、トルーマンの署名はない（口頭で承認）。なお広島原爆と長崎原爆のあいだの8月8日（「二重被爆」の

山口彊〔つとむ〕氏が広島出張から長崎に帰着した日）には、ニュールンベルク裁判規則を定めたロンドン憲章が採択された（戸田 2017）。つまり米国政府は、ナチスドイツの戦争犯罪を裁く準備を進めるのと同時進行で、新たな戦争犯罪（原爆投下）を行ったのである。戦後は核戦争の同義語として「核のホロコースト」が定着した（https://en.wikipedia.org/wiki/Nuclear_holocaust　2018年9月12日アクセス）。

　米国の原爆神話のひとつに「確かに多くの人が殺されたが、生き残った被爆者への健康影響は小さい」というものがある。「小さくない」ことを示して留学生・外国人の原爆リテラシーを高めてもらう試みの一例を「コラム3　留学生・外国人のための原爆リテラシー」で紹介した。

　ところで、「長崎を最後に核攻撃は行われていない。国際世論の力だ」という歴史認識は正しいだろうか。湾岸戦争、コソボ空爆、アフガニスタン戦争、イラク戦争などでたびたび使われた劣化ウラン弾（原水爆でないので国際法上の核兵器ではないが、放射能兵器あるいは準核兵器である）の被害は、広島・長崎の「入市被爆」に相当すると思われる。小児白血病などが増えている。国際世論が劣化ウラン弾の使用を止められなかったことを直視しなければならない。なお、ベトナム戦争の枯葉剤も国際法上の化学兵器（毒ガス）ではなく農薬（除草剤）の軍事利用であるが、事実上の化学兵器といってよいであろう。劣化ウラン弾攻撃のほかに、核実験被害、原発事故被害、原発やウラン鉱山の被曝労働、原発平常運転の健康影響、過剰な医療被曝の問題などがあることにも留意する必要がろう。原発（核発電）については、拙著を参照されたい（戸田 2012；戸田 2017）。安倍政権のエネルギー基本計画は、2030年の電力の原発比率を20-22％と想定している。つまり、約30基を再稼働したいということだ（2030年は安倍政権ではないが）。世界初の「フルMOX」（全炉心にプルサーマル＝MOX燃料）の大間原発も稼働させたいのだろう。2013-2015年に約700日の「原発稼働ゼロ」があった。立民・共産・自由・社民の「原発ゼロ法案」（2018年3月提出）は実現可能だ。

1）　戦前の皇国史観の代表的な文献である文部省編『国史概説』（1943年）では、秀吉の「征明計画」は、「明国を皇化に浴せしめんとする遠大な抱負」に出るものであり、文禄慶長

の役は「一大壮挙」「我が武威の盛んなることを遺憾なく中外に示し、国民の海外発展の精神に強き刺激を与へ、さらに明に対してはその衰亡の機運を促進し」ものと意義づけられた。また、韓国併合の意義づけについては、「欽明天皇の御代、我が国が任那府を撤退し、天智天皇の御代、我が属国百済が滅亡してより久しいものがあったが、ここに全半島はまた本然の姿に服して皇土と化するに至った」ものとされた（永原 1983：25）。現在、高校社会科で広く採用されている五味文彦、加藤陽子ほか『詳説日本史B』（山川出版社、2012年文科省検定済み、2015年発行）の26頁では、「加耶（加羅）諸国」（『日本書紀』で「任那」と呼ばれる）は倭国（ヤマト政権）と「密接な関係をもっていた」と述べている。標準的な入門書である網野善彦『日本社会の歴史』上巻（岩波新書、1997年）50頁では、「北九州の沿海地域や壱岐や対馬などの首長たちは、朝鮮半島南部の加羅（加耶）や新羅の首長たちとのあいだに密接な関係をもっていた」と述べている。育鵬社などの右翼的な社会科教科書、道徳教科書の人間観や社会観については、戦前の国史や修身の教科書との類似が指摘されている（佐藤 2019）。

2）「事前警告なしに投下」が米国政府・米軍の方針であったが、たとえば李尚烈氏は次のように証言している。「6月中旬頃だと思いますが、昼に谷間へB29が1機落ちたことがあります。私はその時、近くの友達とそこへ行って、ビラ束を拾って家へもって帰りました。お父さんはこのビラを見てから、『日本軍は連合軍にすぐ降伏しなければ、日本の六大都市へ順番に新型爆弾を投下するという内容が書いている』と説明してくれました。（中略）『新型爆弾は光で人を殺すというんだが、わしも尚ちゃんも受けたことがないし、見たことがないのでよくわからんな』」（『季刊・長崎の証言』5号、長崎の証言の会、1979年、55頁）。わずかな事前警告（の試み）があった可能性は否定できない。

Q＆A4　原爆はなぜ投下されたのか

1．そもそも日本が侵略戦争を始めたから（日本政府の招爆責任）。15年戦争は、満州事変で始まり、原爆投下とソ連参戦で終わった。

2．米国がマンハッタン計画を実施したから。ナチスの脅威が動機とされるが、ドイツ降伏の前から標的は日本になった。

3．日米双方が戦争を引き延ばしたから。原爆が戦争終結を早めたのではなく、戦争を引き延ばしたから原爆が投下された。日本政府・軍・天皇は、近衛上奏（2月）のあとも決断を引き延ばした。米国は原爆完成前に日本が降伏しないように配慮したと思われる。なお、米国が秋に九州・関東上陸作戦と日本枯葉作戦を想定していたことは、また別の問題である。

4．トルーマンとバーンズがアホだったから。FDR（ローズヴェルト）が存命なら「事前警告なしの都市投下」が戦争犯罪になることを認識していたであろう。対ソ威嚇、2種類の原爆の比較などの動機もあった。

集団的自衛権で増大する戦争協力のリスク

　拉致被害者蓮池薫の兄である蓮池透は、こう述べている。「実際、安倍首相の周辺から直接聞いたのですが、首相は米政府の高官に対し、『北朝鮮のミサイルが、日本の人口の少ない場所に着弾してくれればありがたい』と発言しています。それも、一度や二度ではないらしい。これが本音であって、拉致問題を利用してのし上がったように、『北朝鮮の脅威』も自分の権力を維持するためには、欠かせないと考えている。」(蓮池 2018)。これは3月以前の発言と思うが、本当にこのような発言をしたのが事実なら大変なことである(事実でないなら名誉棄損で首相らが告訴するはずだが、そのような動きはない)。2018年4月の南北首脳会談・板門店宣言、6月の米朝首脳会談・シンガポール共同声明で東アジアの情勢が劇的に変わり始めたが(「21世紀の朝鮮戦争の危機」は回避された)、安倍政権は相変わらず辺野古新基地建設、イージス・アショア配備に固執している。単なる「北朝鮮の非核化」ではなく、より包括的な「朝鮮半島の非核化」が合意されたことの画期的な意義を理解すべきである(渡辺 2018：281)。休戦協定のまま65年(1953-2018)を経過している朝鮮戦争を平和条約に移行させるための「終戦宣言」が早い時期に必要だ。先の戦争で休戦協定1945年、平和条約1951年(片面講和であったが)という日本の経験を振り返れば、「65年」という長い期間の異常さがわかるだろう。河野太郎外相が2018年9月14日の定例記者会見で朝鮮戦争の終戦宣言について「時期尚早だ」と述べたことは(『朝日新聞』電子版2018年9月16日)、耳を疑う発言である。米国の北朝鮮に対する核威嚇は65年間続いてきたが、北朝鮮による核威嚇は2006年からの12年間であった。朝鮮戦争については、民間人を含め500万人以上が亡くなったという推定もある(五味洋治記者が2018年9月16日の長崎講演で紹介)、米軍の補給基地となった日本

で「朝鮮特需」により経済が「復興」したことも事実である。「他国民の血で日本経済が潤う」事態は、「ベトナム特需」でも見られた。年金積立金管理運用独立行政法人（GPIF）で安倍政権がリスクの高い株式投資を増やしていることが問題になっているが、そのなかには、ロッキード・マーチンをはじめとする米軍需企業の経営を支えることまでもが含まれている（大門 2018：202）。

　ナチスドイツやかつての日本が「軍国主義」であったとすれば、20世紀以降の米国は、民主主義との両立を自称する「軍事大国主義」であろうか。日本は対米従属のもとで、新たな「軍事費大国主義」をめざしている。自民党憲法改正草案（2012年）の「国防軍明記」、安倍首相の読売インタビュー〔および日本会議〕改憲宣言（2017年憲法記念日）の「自衛隊明記」はその象徴であろう（伊藤 2013も参照）。憲法記念日に改憲宣言とは、憲法99条違反（公務員の憲法尊重擁護義務違反）を絵に描いたようだ。安倍政権は日本を「権威主義体制」、さらには「新しい全体主義」に近づけようとしているのだろうか（表6、表7）。

　小泉政権と第一次安倍政権の自衛隊イラク派遣は、陸上自衛隊が給水、道路建設などの人道復興支援をしたが、航空自衛隊の任務には武装した米兵の輸送も含まれていた。そのため2008年に名古屋高裁でイラク派遣違憲判決が出て、民事訴訟で勝った国は上告できなかったので、違憲判断が確定した（毛利 2009）。2015安保法のもとでは、武装米兵輸送や兵站活動も当然「合法」となる。明治から昭和までの戦争では日本は自立的後発的帝国主義として行動したが（日英同盟の比重は小さい）、平成とその先に想定される戦争では、日米同盟を基軸に「アメリカ帝国主義の同伴者（アジアの英国）」（渡辺 2018ほか）となることが想定される（力をつけたうえで、長期的には対米自立を目指すかもしれない）。これまでの「米国の戦争」をつぶさに吟味することも不可欠である。

　いわゆる立憲野党（立憲民主党、共産党、社民党、自由党）には、安倍政権の改憲は許さない、2015安保法制を廃止する、原発のない社会をつくる、アベノミクスに代表される新自由主義の自己責任社会に反対して福祉を充実する、などの重要な一致点がある（渡辺 2018：315）。憲法（前文、九条、二五条など）を活かす野党連合政権の展望についての渡辺治の論述（渡辺 2018：第6章・第7章）は大変説得力がある。2014年の集団的自衛権に関する閣議決定は、1972年政府見解の意図的な曲解にもとづくものであった（寺井・伊藤・小西 2019）。意図的な

5　集団的自衛権で増大する戦争協力のリスク　37

表6　ファシズムの初期の兆候と最近の日本社会

ファシズムの初期の兆候（Early Warning Signs of Fascism. Dr. Lawrence Britt, U.S. Holocaust Museum, 米国ホロコースト博物館、ブリット博士）	最近の日本社会の状況
強力で継続的なナショナリズム	育鵬社の歴史教科書、日本教科書の道徳教科書、中学歴史教科書からの「慰安婦」削除、2006教育基本法改悪（愛国心強調ほか）、2014教科書検定制度改悪（政府見解重視など）、2015道徳の教科化（小学校2018、中学校2019から検定教科書を用いて実施）、2015教科書検定で領土問題についての政府見解をおしつけ、女性国際戦犯法廷（2000）NHK番組への自民党圧力で改ざん、ユネスコ世界記憶遺産の件で女たちの戦争と平和資料館に爆破予告の脅迫状、自衛隊ありがとうキャンペーン、2012文科省が朝鮮学校を高校無償化の対象から除外する省令（官製ヘイト）、朝鮮学校生徒からの修学旅行おみやげ没収、政府・国策批判者への「反日」呼ばわり（戦時中の「非国民」を連想させる）、在日コリアン・沖縄県民へのヘイトスピーチ、森友学園の幼稚園の教育勅語暗唱、北朝鮮・中国脅威論、靖国神社の遊就館、日本会議、幸福の科学、在特会、嫌韓本や嫌中本・歴史修正主義の本など
人権の軽視	2013朝鮮学校を高校無償化対象から除外、2015後藤健二さん見殺しし、難民認定率の低さ・不当な強制送還、入管での難民申請者への人権侵害、生活保護の給付漏れの多さ（捕捉率の低さ）、生活保護基準の老齢加算・母子加算・冬期加算などの削減、生活保護削減「ヤミの北九州方式」、水俣病やカネミ油症などの厳しすぎる認定基準、長崎の「被爆体験者」差別問題、沖縄への基地過剰集中、2016大阪府警機動隊員による沖縄高江での「土人、シナ人」など暴言、石木ダムの強制測量・強制収用、朝鮮学校生徒の修学旅行おみやげ没収、避難計画不備のまま原発再稼働・地震国への原発輸出、BSL4（危険病原体研究施設）の住宅密集地への立地、諫早湾干拓問題、福島のモニタリングポスト（リアルタイム線量計）8割撤去計画、中高生や若者によるホームレス襲撃事件（国だけでなく国民にも人権軽視の風潮）、毎月勤労統計の15年間不正と雇用保険、労災保険、遺族年金などの過少給付が発覚（2019）など
団結の目的のため敵国を設定	北朝鮮・中国の脅威をあおる、南北・米朝会談後（東北アジアの安全保障環境の改善傾向始まる）もイージス・アシュアや辺野古新基地に固執など

38

軍事優先 （軍隊の優越性）	2007防衛庁から防衛省へ、2012自民党憲法改正草案（緊急事態条項、国防軍、軍法会議、国民の憲法尊重義務を明記）、安倍政権で６年連続の防衛費増大、2013国家安全保障会議（日本版NSC）設置、2013特定秘密保護法、2014集団的自衛権閣議決定、2015安倍首相が米国連邦議会演説（４月）で安保法を約束、2014武器輸出緩和（武器輸出三原則廃止と防衛装備移転三原則設定の閣議決定）、2015安保関連法強行採決、2015防衛省が安全保障技術研究推進制度（競争的資金）を発足、2016南スーダンPKOで「駆け付け警護」任務付与、2017憲法記念日に首相が自衛隊明記の改憲宣言（５月３日の読売新聞を読めと国会答弁）、自衛隊のオスプレイ購入、米国製戦闘機の爆買い、2016安倍首相が米国政府に「核先制不使用政策に反対」、2017北朝鮮ミサイルを想定したＪアラート訓練、2017米艦防護を実施、2017中学校学習指導要領で保健体育武道の選択肢に銃剣道、2018佐賀や首都圏へのオスプレイ配備計画、政府の核兵器禁止条約（2017）反対、2018佐世保に水陸機動団設置（日本版海兵隊）、2018南シナ海で潜水艦訓練、2018新防衛大綱で長距離巡航ミサイル導入・ヘリ空母の戦闘機搭載空母（攻撃型空母）への改修計画で敵基地攻撃能力保有へ、2018シナイ半島多国籍軍への派遣を検討、2015と2018辺野古について行政不服審査法で防衛省が国土交通相に審査請求の法的対抗措置、2018防衛計画の大綱閣議決定で空母化・長距離巡航ミサイル（専守防衛からの逸脱で違憲）、2018辺野古土砂投入強行、GPIFで米軍需企業の株を購入など
はびこる性差別	東京医科大学入試の女性差別問題、セクハラ告発者へのバッシング、日本軍慰安婦少女像への反発、賃金の男女格差、昇任の男女格差、正規雇用比率の男女格差、大学進学率の男女格差（高等教育の私的収益の格差にも関連）など
マスメディアの コントロール	読売・産経の自民党広報誌化、2017改憲について読売新聞を読めと首相答弁、2015百田尚樹NHK経営委員（当時）が沖縄の２紙をつぶせと暴言、NHKの会長人事、NHK報道の歪み、朝日・毎日を含むメディア幹部と首相の会食、2013特定秘密保護法（60年間秘密）、2017共謀罪（組織犯罪処罰法）、2016高市早苗総務大臣（当時）が「国は放送局に対して電波停止できる」と発言、2019官邸が特定記者（東京新聞望月記者）排除を記者会に申し入れ（２月）など
安全保障強化へ の異常な執着	上記「軍事優先」の項目を参照
宗教と政治の 一体化	日本会議系・神道政治連盟系の安倍政権への影響力（自民党閣僚の全員が懇談会に）。自公政権のもとで創価学会の選挙動員
企業の力の保護	原発事故賠償準備金の1200億年据え置き（2018）、石炭火力発電増設計画、米軍需産業の利益をはかる兵器の爆買い、米カジノ資本のためのカジノ（IR）法、2013インフラシステム輸出戦略（ベトナム、リトアニア、トルコ、英国への原発輸出のトップセールスは2018までにすべて破綻）、リニア中央新幹線計画への国費３兆円投入、トヨタなどの輸出戻し税（税の優遇）、法人税減税、2018種子法廃止、2018水道民営化法、2018入管法改正・漁業法改悪・日欧EPAを12月８日午前４時に強行採決、ネオニコチノイド系農薬の規制緩和、受動喫煙対策の抜け穴、実質賃金低下と企業内部留保増大など

5　集団的自衛権で増大する戦争協力のリスク　39

抑圧される 労働者	度重なる派遣労働の規制緩和、2015労働者派遣法改悪、非正規雇用の拡大、裁量労働制（定額働かせ放題）などによる長時間労働、過労死・過労自殺の多発、2018過労死容認の働き方改革法強行採決など
知性や芸術の 軽視	国立大学運営費交付金の毎年削減、大学のなどの学費が異常に高い（岩波新書の値段が4倍になるあいだに国公立大学の学費は40倍に）、給付型奨学金が少ない、GDPに占める教育公的支出が2年連続でOECD諸国最下位、教員の長時間残業、2016自民党が学校教育における政治的中立性についての実態調査、大阪府立国際児童文学館の廃止など
刑罰強化への執着	宗教的動機未解明のままオウム真理教13人処刑、少年犯罪の厳罰化傾向など
身びいきの蔓延 や腐敗（汚職）	森友学園、加計学園、公文書改ざん、自衛隊日報隠しなど
詐欺的な選挙	選挙の供託金が高すぎる（80年来の問題）、小選挙区制で得票率と議席占有率が乖離する虚構の多数、憲法改正の国民投票法で広告野放し・最低得票率規定なし、経済をかかげて選挙して終わると改憲策動、与党系の公開討論回避傾向・争点隠し、違憲の疑いある政党助成金など

出典　「ファシズムの初期の兆候」は伊藤真弁護士長崎講演「安保法制と憲法改正を許さない」（2018年9月2日）のスライドから。「最近の日本社会の状況」は戸田作成

　この表6の要約とも言えるような資料がインターネット上にあるので、下記に紹介する。

表7　政治学者ローレンス・ブリットの「ファシズムの初期症候」

■ファシズムの初期症候（以下の箇条書き「→」以降はわが国の現状です）
・強情なナショナリズム→「日本会議」内閣が率先する戦前回帰のきな臭い動き
・人権の軽視→自民党憲法草案から消えた基本的人権
・団結のための敵国づくり→政治やヘイト集団による嫌「中国・韓国」意識の醸成
・軍事の優先→戦争法案の強行採決、教育勅語や銃剣道
・性差別の横行→マイノリティへの社会全体による陰湿な差別やイジメ
・マスメディアのコントロール→政権の懐柔による批判精神の欠如したメディア
・国家の治安に対する執着→警察・公安を利用した盗撮など
・宗教と政治の癒着→新興宗教との見えざる関係性
・企業の保護→大企業への優遇税制やコスト削減のための規制緩和
・労働者の抑圧→残業にかかる時間の増大と不払い問題や非正規社員の増大
・学問と芸術の軽視→文科省の天下り、教科書検定、予算権限による教育締め付け
・犯罪の厳罰化への執着→御用判事による反社勢力の厳罰判決
・身びいきの横行と腐敗→お友達優遇などによる「三権集約」造り
・不正な選挙→首相夫人のお付き公務員の選挙応援など（今SNSで話題騒然です）

　参照　https://blogs.yahoo.co.jp/tosboe51/68452879.html
https://www.indy100.com/article/donald-trump-muslim-majority-travel-ban-list-early-warning-signs-fascism-holocaust-museum-7554621　英語版　いずれも2019年2月27日アクセス
　→以降はネット記事投稿者のコメント（2017年4月4日投稿）。このネット記事については、しんぶん赤旗2019年2月27日9面の堤文俊「論壇時評」で紹介されている。

曲解は改ざんに等しい。公文書の曲解による解釈改憲は違憲・違法である。したがって、この閣議決定にもとづく2015年安保法制も、2019年に想定される改憲発議も違憲・違法となるであろう。

　2019年2月24日の県民投票で示された圧倒的民意を安倍政権は冷笑して、辺野古の土砂投入を続けている。しかし深さ90mに及ぶ軟弱地盤問題で、技術的にも辺野古新基地はつくれない。2018年9月7日、ガー・アルペロビッツ、ダニエル・エルズバーグ、シンシア・エンロー、ジョセフ・ガーソン、ピーター・カズニック、ブルース・ギャグノン、マーティン・シャーウィン、オリバー・ストーン、マーク・セルデン、ジョン・ダワー、ノーム・チョムスキー、ケイト・デュース、ロナルド・ドーア、ハーバート・ビックス、ジョン・ピルジャー、ノーマ・フィールド、リチャード・フォーク、ガバン・マコーマック、ジャン・ユンカーマン、アン・ライト、ベティ・リアドン、スティーブ・リーパー、ポール・ロジャース、浦田賢治、田中利幸、乗松聡子、米山リサをはじめとする良心的知識人133人が、辺野古埋め立て承認撤回を支持する声明を出した（『琉球新報』・『沖縄タイムス』2018年9月8日；『しんぶん赤旗』2018年9月9日1面、4面）（World Scholars, Artists, Activists Call for Demilitarization of Okinawa 7 September 2018 後掲）。

　2017年に来日したとき、ヨハン・ガルトゥングは次のように述べている。「日本は世界第4位の軍隊を持っている。強大な軍隊を保つには敵国を想定する必要がある。そのため中国と北朝鮮を敵国にした。しかし、当の中国も北朝鮮も日本を攻めようとは思っていない。なぜわざわざこの2つの国を敵に回す必要があるのか。北朝鮮が敵対しているのは米国だ。米国は人類史上、最大の好戦国で、建国以来、他国を248回にわたって侵略したし、第2次大戦後も世界37か国で2000万人を殺害した。こんな国と同盟関係を結んで『より平和にしよう』という考えがどうかしている」（伊藤 2018：228）。「武力には武力を」では暴力の連鎖になるので、「武力には対話を」が必要であることは言うまでもない。

6 人類の将来

　20世紀や21世紀の人類だけを見ていると「人類はいつも戦争をしている。これからもずっとそうだろう」と思いがちである。長い人類史のなかで戦争は「最近のできごと」なのだから、遠い将来を考えると戦争を克服できる可能性は十分あるだろう。「遠い将来」とはどのくらい「遠い」のだろうか。太陽系と地球が誕生したのは45億年前、生命の誕生は40億年前、脊椎動物や昆虫の誕生は４億年前、哺乳類の誕生は２億年前である。人類と類人猿の分岐は前述のように700万年前だ。数十億年後に太陽の核融合が暴走して「赤色巨星」になれば、水星や金星は物理的に破壊されるであろうし、地球の存続も危ない。気温の上昇による太陽活動の変化に伴う生命の終焉はそれよりもずっと前、10億年後か、遅くとも20億年後と推定されている（更科 2016：260）。繊細な多細胞生物が先に絶滅し、地球は再び「微生物だけの世界」に戻ると思われる。アーサー・クラークやオラフ・ステープルドンのSFの世界と違って、１億年後に人類が存続していることはまず考えられない。1000万年後でも難しいだろう。

　先ほど「太陽の核融合の暴走」と述べた。太陽は生命の世界に恵みと恐怖をもたらすのである。命を生み出し、やがて破壊する。

　ところで人類は、「長期的な存続」を法律や国策によって義務づけられているとも言える。それは、「高レベル放射性廃棄物の安全管理」のためである。フィンランドや日本では10万年後まで、ドイツや米国では100万年後までとされている。日本では、高レベル放射性廃棄物の管理責任について、九州電力や関西電力があと400年、政府があと10万年の責任を有することが、2016年に原子力規制委員会と政府の見解となった（杉本 2016）。核発電（原発）は、多くの国で22世紀初頭には終結するだろう。「シェール革命」を考慮しても、化石燃

料（石油、石炭、天然ガス）の時代は25世紀くらいまであろう。それ以降は「再生可能エネルギー100%」の時代になるだろう。

　核物質や化石燃料があると、近代的戦争（大量殺りくの戦争）には便利である。20世紀以降の「石油文明」の特徴は「大量生産、大量消費、高速移動、大量破壊」だった。再エネ100%時代の戦争は、古代・中世の戦争のように「軍事的に不便」になると予想される。「再エネ100%時代への移行期」のなかのなるべく早い時期に戦争を克服するべく各国政府は努力すべきだと思う。核兵器やウラン兵器の廃絶は、21世紀前半の早い時期に実現できないだろうか。核保有国（米露ほか）やその同盟国（日本ほか）は、核兵器禁止条約（2017）に背を向けているひまはないはずだ。

　これから10万年のあいだに、社会と自然は大きく変わるだろう。数万年後には氷河期が来る。そのあとまた間氷期になる。21世紀または22世紀に世界人口のピーク（100億人を超えるかどうか）が来るとして、1万年後の人口はいまよりもだいぶ少ないだろう。技術文明の進歩が続く場合と、退行する場合の両方を想定しておかねばならない。ブライアン・オールディスの『地球の長い午後』(1962)は、「衰退期の人類の末裔」（1億年以上の未来か）を美しく悲しく描く名作だが、遠未来の実情はこの小説とは似ても似つかないだろう。

　では「10万年前の社会」はどうだったか。もちろん「複数の人類」がいた。ホモ・サピエンス（たぶん黒人）はアフリカにとどまっていた。欧州と中東にはネアンデルタール人がいた。シベリアにはデニソワ人がいた。インドネシアの小さな島にはフローレス人がいた。その後ホモ・サピエンスはアフリカを出て世界に広がり、ネアンデルタール人、デニソワ人と一部混血した。ネアンデルタール人の絶滅後は、「人類1種類の世界（ホモ・サピエンスのみ）」となる。

# 平和教育の5つの柱

　これからの平和教育のあり方を提案したい。平和教育の入り口は、第2章で紹介した佐藤忠男『戦争はなぜ起こるか』(佐藤 2001、小学校5年生以上)が最適であると思う。佐藤は「平和学を育てよう」という節でこう述べる。「われわれは学校で、ずいぶんたくさんのことを習っている。が、しかし、ずいぶんたくさんのことを習っているにもかかわらず、じつは、かんじんなことはさっぱり習っていないのではなかろうか。かんじんなことは、人類がいかに平和に暮らすかということである」(佐藤 2001：208)。まったく同感である。「かんじんなこと」をすべて本書で述べる紙幅はないし、私にその能力もない。本書では「かんじんなこと」をどう共有するかをこれからみんなで考えていくための、ひとつの手がかりを提供している。「コラム4　ガルトゥングの平和学」参照。

> **コラム4　ガルトゥングの平和学**
> 　ノルウェーのヨハン・ガルトゥング(1930年生まれ)は平和学を革新した研究者、実践家として知られる。邦訳も多い。
> 　従来の平和研究は「戦争と平和」の研究であったが、これを「暴力と平和の研究」に拡張した。戦争がなくても飢餓、貧困、差別などがあれば平和とは言えないからである。
> 　1969年に直接的暴力と構造的暴力、積極的平和と消極的平和の概念を、1987年に文化的暴力の概念を提示した。
> 　暴力とは人為的に人の生命、健康、穏やかな生活などが侵害されることである。自然災害は暴力ではないが、防災の怠慢などの人災(暴力)が複合することがある。
> 　直接的暴力は戦争、テロ、殺人、拷問、強姦などである。
> 　構造的暴力は社会構造や社会制度によって生命や生活が侵害されることで、飢餓、貧困、差別、人権抑圧、環境破壊などがある。

文化的暴力は、直接的暴力や構造的暴力を正当化する言説などを言う。

自然破壊は人間に悪影響を及ぼすことが少なくないので、「自然への暴力」ということがある。

消極的平和とは、戦争のない状態である。

積極的平和（positive peace）とは、戦争と構造的暴力のない状態である。

自然災害（地震、津波、火山災害など）の多い地域に原発をつくるのも、10万年の管理責任を将来世代に強制するのも、構造的暴力（この場合は合法化された暴力）である。地震国であるニュージーランド、チリ、ポルトガル、火山国であるアイスランド、イタリアなどが原発をつくらないのは常識にかなっており、地震国トルコに日本が原発を輸出しようとするのは非常識である。ヘイトスピーチは文化的暴力である。女子割礼のような暴力的な伝統文化は構造的暴力である。オウム真理教がチベット仏教をどのように曲解することで文化的暴力をつくりだしたのか、それを解明する機会は2018年に永久に失われてしまった（藤田 2018参照。1989年のオウム真理教「宗教法人」取得にはダライ・ラマ14世〔1989年ノーベル平和賞〕も協力しているが〔大西 2008〕、この年にオウムのテロが始まった）。テロの解明を拒む強固な意志に驚かされる。後藤健二さんが2015年にイスラム国（IS）に殺されたのも、テロ対策支援に巨額支出を公言（テロ対策は必要だが、この時期の公言が問題）、イスラエル国旗を背にしてネタニヤフ首相と共同記者会見など、イスラム過激派どころかイスラム世界全体を挑発するに等しく（安保法制違憲訴訟の会編 2017：14）、イスラム学者中田考の仲介申し出のはねつけとあわせて、「事実上の見殺し」に等しい。安倍政権はやはり平和構築（平和創造）に無関心であると言わざるを得ない。なお、裁判官も無謬ではなく、冤罪による死刑は国家テロに等しい。積極的平和に比較的近い国は、たとえばコスタリカ（死刑と軍隊を廃止し、平和外交、教育、自然保護などに尽力）であろうか。積極的平和に遠い国は、日米、北朝鮮、中国、サウジアラビア、イスラエルなどであろう。

日本外務省と安倍首相が5年前から言う「積極的平和主義（proactive contribution to peace）」は集団的自衛権や2015年安保法、さらには自衛隊明記の改憲まで視野におくもので、米国の武力行使への協力（兵站など）なども想定するものであり、平和学で約50年前から言う「積極的平和」とは全く異なるので混同しないように注意が必要である（伊藤 2018の冒頭も参照）。

ガルトゥングの主著は、*Peace by Peaceful Means*（1996）である。

ガルトゥングほか2003、ガルトゥング2017、日本平和学会編2015、本書の表1などを参照。

参照　Johan Galtung　https://en.wikipedia.org/wiki/Johan_Galtung 2018年9月1日アクセス

トランセンド研究会　http://www.transcendjapan.net/　2018年9月1日アクセス

ところで、「人類はいつも戦争をしている」わけではない。チンパンジーとの共通祖先から分岐して以来700万年、そのあいだに約25種類の人類が登場した。現在まで生きのびた人類はホモ・サピエンスのみであり、最後に絶滅したのがネアンデルタール人である。いま人類は75億人であるが、ネアンデルタール人は多いときでも50万人くらいだったのではないかとみられている。ホモ・サピエンスとネアンデルタール人は混血したので、私たちの多くは彼らの遺伝子を一部受け継いでいる。アフリカにホモ・サピエンスが登場して以来20万年、世界に広がって以来数万年である。人類はいつごろから戦争をするようになったのか。佐原真の説は世界の考古学の定説ではないが、有力な学説である。それによると前述のように戦争は世界で8000年くらい前から、日本では2000年くらい前から始まった。700万年、20万年に比べると、「戦争の歴史」は短い。平和が常態だったのである。「いつも戦争」「しょっちゅう戦争」は階級社会の特徴である。もちろん暴力がなかったわけではない。殺人はたまに起こり、集団暴力も稀には起こっただろう。私たちは、考古学の研究成果から、戦争の起源、戦争の一般条件などを学ぶべきである。ホモ・サピエンス以外の人類は絶滅したので、観察できない。そこで現存の「遠い親戚」（チンパンジーやボノボなど）とヒトの比較を霊長類学の成果から学ぶことも必要であろう。

　具体的な戦争の原因については、まず日本近世史（秀吉の朝鮮侵略など）や日本近現代史（戦争の約70年と平和の約70年）を学ぶべきであろう。国内は平和であったとしても、朝鮮戦争、ベトナム戦争、イラク戦争などで在沖、在日米軍基地が出撃拠点になった事実を忘れるわけにいかない。文献や映像、博物館見学、聞き取りなどを通じて、加害の歴史と被害の歴史を学ぶ必要がある。戦前の日本は「自立的」な帝国主義であったが、いまの危険は「米国の戦争に協力すること」「米国の先制攻撃に相手国が反撃し、それが日本にも及ぶこと」などである。先の戦争を経験した日本人は、民主主義は平和主義と調和すると思う人が多いが、米国ではこれまで、民主主義と「正しい戦争」の両立が多数意見であった。日米同盟のもとで米国の戦争に日本が加担する危険がある以上、「米国の戦争」をつぶさに観察することも不可欠であろう。直接的暴力、構造的暴力、文化的暴力に視野を広げるために、「現代日本の代表的な争点」（表8）を平和教育の視点から総点検することも必要だ。また、人間社会と暴力を考え

表8　現代日本の代表的な争点

安全保障関連法（2015）、諫早湾干拓（開門など）、石木ダム、イージス・アショア配備問題、イタイイタイ病（そもそもカドミウム食中毒では）、遺伝子組み換え作物、冤罪防止策、沖縄差別、オスプレイ配備問題、核兵器禁止条約、核燃料再処理、加計学園問題、カジノ法、カネミ油症（認定制度など）、過労死・過労自殺問題、教育勅語、教科書検定制度、共謀罪、ゲノム編集家畜、原発再稼働（地震、火山、避難計画、周辺自治体、プルサーマル運転など）、原発輸出、憲法改正（九条の自衛隊明記など）、高学費問題、合成洗剤、高速炉（ナトリウム冷却原子炉）、公文書改ざん問題、国公立大学法人化、再生可能エネルギー、裁判員制度、裁量労働制、死刑制度、集団的自衛権、種子法廃止、出入国管理法改正（外国人労働者受け入れ拡大問題）、受動喫煙対策、障がい者差別・優生思想、小選挙区制、少年犯罪の厳罰化、消費税、女性差別、水産改革法、生活保護（捕捉率、削減など）、水道民営化、政党助成金、石炭火力（稼働、新設、輸出など）、対米従属、貸与型奨学金の借金問題、朝鮮半島非核化への貢献、築地市場の豊洲移転、動物福祉、特定秘密保護法、長崎の「被爆体験者」問題・広島の「黒い雨」問題、難民認定、日米安保条約、ネオニコチノイド系農薬、派遣労働制度、働き方改革法（2018）、武器輸出、普天間基地、富裕税、ヘイトスピーチ問題、辺野古新基地、ヘリコプター空母の空母への改修、法人税、ポストハーベスト農薬、水俣病（昭和52年判断条件、特措法の地域・年齢線引きなど）、森友学園問題、靖国神社、八ツ場ダム、輸出戻し税、リニア中央新幹線、歴史認識、劣化ウラン弾（電力会社の所有権放棄など）、労災認定率

出典　筆者が思いつくままにあげて、50音順に並べた

表9　21世紀の3大個人テロ

	発生	加害者	被害者	加害者のイデオロギー	司法判断	備考
ノルウェー事件	2011年7月22日	アンネシュ・ベーリング・ブレイビーク男、1979年生まれ、当時32歳	労働党青年部ほか死者77人負傷者数十人	反左翼、反イスラム、キリスト教右派	懲役21年で収監中	ノルウェーは終身刑を制度化すべき
相模原事件	2016年7月26日	植松聖男、1990年生まれ、当時26歳	重度障がい者死者19人負傷者数十人	優生思想、障がい者差別	おそらく死刑であろう	ナチスT4作戦の亡霊銃を使わない大量殺人
ニュージーランド事件	2019年3月15日	ブレントン・タラントオーストラリア人男、当時28歳	イスラム教徒ほか死者50人負傷者数十人	反移民、反イスラム、白人至上主義、オルタナ右翼	おそらく終身刑であろう	ノルウェー事件に触発された

出典　筆者作成
＊　備考追記　優生思想との関連では、優生保護法（1948-1996）時代の強制不妊手術がいま問題になっている。同法廃止20周年に相模原事件が勃発した。
参照　フランコ・ベラルディ『大量殺人の"ダークヒーロー"』杉村昌昭訳、作品社、2017年　ブレイビーク事件についての章あり
月刊『創』編集部編 2018　植松の文章と絵画（漫画）を収録、複数の精神科医の発言を収録
https://en.wikipedia.org/wiki/Anders_Behring_Breivik
https://en.wikipedia.org/wiki/Sagamihara_stabbings
https://en.wikipedia.org/wiki/Christchurch_mosque_shootings　クライストチャーチ銃乱射事件

るうえで、重大な個人テロは、「戦争の最小モデル」と言えるかもしれない（表9）。

　もちろんヨハン・ガルトゥングをはじめとする世界と日本の平和学の研究成果や、平和運動、平和外交からも多くのことが学べる。

　長崎市滑石地区ふれあいセンターでの講演「なぜ戦争は起きるか？」（2018年12月9日、滑石九条の会主催）で述べたことをまとめると次のようになる。これは私が考える「平和教育の5つの柱」でもある。

1．人類の長い原始時代は戦争を知らなかった（殺人は稀に起こった）。古代文明、階級社会の成立とともに戦争が始まる。弥生時代に先進文明（中国、朝鮮）の影響のもとに戦争が始まった。格差、貧困の縮小と浪費の縮小が暴力を減らす必要条件のひとつである。

2．豊臣秀吉に始まる日本の侵略戦争の歴史を直視する必要性。侵略戦争の源流は秀吉の朝鮮侵略。近代の侵略戦争は1870年代に始まった。「15年戦争」にとどまらず、「50年戦争」（日清日露から敗戦まで）の事実を学ぶこと。日本帝国主義とは何であったかを学ぶこと。

3．2015年安保法（集団的自衛権）によって日本はアメリカの戦争に協力しようとしている。「戦争はアメリカの公共事業」。軍産複合体。米国製兵器を相場より高く爆買い。憲法九条に自衛隊明記の策動。歴代首相のなかでも民主主義の理解度が不十分な安倍晋三氏。歴代大統領のなかでも民主主義の理解度が不十分なドナルド・トランプ氏（米国の精神科医らがトランプの大統領適格性に大きな懸念）。この組み合わせが不安である。アメリカ帝国主義とは何であるかを学ぶこと。

4．日本の侵略戦争が原爆投下を招いた（招爆責任）。枢軸国が始めた無差別爆撃（ゲルニカ、重慶）を連合国がエスカレートさせた（ドレスデン、東京、広島・長崎）。日本の戦争犯罪が米国の戦争犯罪を誘発した事情を学ぶこと。戦時中の日本政府は原爆の非人道性を抗議したのに、いまの日本政府が2017年核兵器禁止条約に背を向けているのは残念である。

5．男性中心のヒトやチンパンジーは暴力の多い社会をつくり、男女平等のボノボは暴力の少ない社会をつくっている。戦争や暴力は人間の本能ではないが、男が女よりも暴力的であることは科学的に立証されている

（凶悪犯罪の大半も、戦争発動の大半も男による）。男女平等の進展は暴力を減らす必要条件のひとつである。

戦争の原因を考える平和教育のための25点の必読書

●入門書
佐藤忠男『戦争はなぜ起こるか』ポプラ社、2001年（初版1974年、改訂版1982年）
　　古本または図書館で。
●戦争の考古学
佐原真『戦争の考古学（佐原真の仕事４）』金関恕・春成秀爾編、岩波書店、2005
　　年
松木武彦『人はなぜ戦うのか　考古学からみた戦争』中公文庫、2017年（単行本は
　　講談社、2001年）
エーリッヒ・フロム『破壊　人間性の解剖』作田啓一、佐野哲郎訳、紀伊國屋書店、
　　2001年
●日本の戦争
玖村敦彦『かえりみる日本近代史とその負の遺産　原爆を体験した戦中派からの
　　〈遺言〉[改訂版]』寿郎社、2015年
纐纈厚『侵略戦争　歴史事実と歴史認識』ちくま新書、1999年
野田正彰『戦争と罪責』岩波書店、1998年
山田朗『日本の戦争Ⅱ　暴走の本質』新日本出版社、2018年
吉岡吉典『総点検　日本の戦争はなんだったか』新日本出版社、2007年
●アメリカの戦争
土井淑平『終わりなき戦争国家アメリカ』編集工房朔、2015年
藤岡惇『グローバリゼーションと戦争　宇宙と核の覇権めざすアメリカ』大月書店、
　　2004年
ジョエル・アンドレアス『戦争中毒　アメリカが軍国主義を抜け出せない本当の理
　　由』きくちゆみ訳、合同出版、2002年
ハワード・ジン『テロリズムと戦争』田中利幸訳、大月書店、2003年
ジェレミー・スケイヒル『アメリカの卑劣な戦争　無人機と特殊作戦部隊の暗躍』
　　上下巻、横山啓明訳、柏書房、2014年
オリバー・ストーン、ピーター・カズニック『オリバー・ストーンが語る　もうひ
　　とつのアメリカ史』全３巻、大田直子、鍛原多恵子訳、ハヤカワ文庫NF、
　　2005年
ジョン・ダワー『アメリカ　暴力の世紀　第二次大戦以降の戦争とテロ』田中利幸
　　訳、岩波書店、2017年
ノーム・チョムスキー『誰が世界を支配しているのか？』大地舜、榊原美奈子訳、
　　双葉社、2018年

ウィリアム・ブルム『アメリカの国家犯罪全書』益岡賢訳、作品社、2003年

ダグラス・ラミス『なぜアメリカはこんなに戦争をするのか』晶文社、2003年

アルンダティ・ロイ『帝国を壊すために　戦争と正義をめぐるエッセイ』本橋哲也訳、岩波新書、2003年

●トランプ問題

ナオミ・クライン『NOでは足りない　トランプ・ショックに対処する方法』幾島幸子、荒井雅子訳、岩波書店、2018年

バンディ・リー編『ドナルド・トランプの危険な兆候　精神科医たちは敢えて告発する』村松太郎訳、岩波書店、2018年

●右翼文化人がつくった社会科、道徳科教科書を批判的に読み解く

佐藤広美『「誇示」する教科書　歴史と道徳をめぐって』新日本出版社、2019年

●憲法問題

寺井一弘、伊藤真、小西洋之『平和憲法の破壊は許さない　なぜいま、憲法に自衛隊を明記してはならないのか』日本評論社、2019年

●体制側の学者の労作

スティーブン・ピンカー『暴力の人類史』上下巻、幾島幸子、塩原通緒訳、青土社、2015年

　これら25点に優先順位があるわけではないが、まず佐藤忠男、松木、纐纈、クライン、ダワーを読むことを奨めたい。

　ストーンが全3巻、スケイヒルとピンカーが上下2巻なので、25点で合計29冊になる。佐藤忠男は小学校5年生以上。あとは教師のみなさんに手分けして読んでほしい。

戦争の原因を考える平和教育のための25点の必読書　51

参考文献

赤旗編集局『戦争の真実　証言が示す改憲勢力の歴史偽造』新日本出版社、2018年

浅野健一『安倍政権・言論弾圧の犯罪』社会評論社、2015年

阿部彰芳「科学の扉　チンパンジーとボノボ　似ているのに性格は正反対」『朝日新聞』
　　2015年1月19日

阿部彰芳「ボノボの祖先、川渡り独自進化　京大グループ、地質データから新説」『朝日新
　　聞』2015年12月17日

阿部浩己『国際法の暴力を超えて』岩波書店、2010年

阿部岳『ルポ　沖縄　国家の暴力　現場記者が見た「高江165日」の真実』朝日新聞出版、
　　2017年

阿部知二『良心的兵役拒否の思想』岩波新書、1969年

荒井信一『空爆の歴史　終わらない大量虐殺』岩波新書、2008年

新井利男、藤原彰編『侵略の証言　中国における日本人戦犯自筆供述書』岩波書店、
　　1999年

有馬哲夫『原爆　私たちは何も知らなかった』新潮新書、2018年

安保法制違憲訴訟の会編『私たちは戦争を許さない　安保法制の憲法違反を訴える』岩
　　波書店、2017年

飯田洋子『九条の会』花伝社、2018年

池内了「軍学共同の現段階」『世界』2018年11月号108-119頁、岩波書店

石井暁「国防軍化する自衛隊　無視される憲法の制約」『世界』2019年3月号104-112頁、
　　岩波書店

石川文洋『戦争はなぜ起こるのか　石川文洋のアフガニスタン』冬青社、2004年

井田洋子「「安倍改憲案」がもたらすもの」長崎の証言の会編『証言2018　ナガサキ・ヒ
　　ロシマの声（第32集）』長崎の証言の会、2018年、18-26頁

出口輝夫『私の被爆体験記　きのこ雲との闘い』ゆるり書房、2010年

伊藤千尋『9条を活かす日本』新日本出版社、2018年

伊藤真『赤ペンチェック　自民党憲法改正草案』大月書店、2013年

井上泰浩『アメリカの原爆神話と情報操作　「広島」を歪めたNYタイムズ記者とハー
　　ヴァード学長』朝日新聞出版、2018年

井本三夫「「維新絶対主義論」の誤り、「維新」の誤り」『日本の科学者』2018年12月号
　　16-21頁、日本科学者会議

岩松繁俊『戦争責任と核廃絶』三一書房、1998年

上野千鶴子、蘭信三、平井和子編『戦争と性暴力の比較史へ向けて』岩波書店、2018年

内海愛子『朝鮮人BC級戦犯の記録』岩波現代文庫、2015年

江口圭一『日中アヘン戦争』岩波新書、1988年

榎澤幸広・奥田喜道・飯島滋明編『これでいいのか！　日本の民主主義　失言・名言から読み解く憲法』現代人文社、2016年

大石又七『ビキニ事件の真実』みすず書房、2003年

大内田わこ『ホロコースト　女性6人の語り部』東銀座出版社、2017年

大西広『グローバリゼーションから軍事的帝国主義へ　アメリカの衰退と資本主義世界のゆくえ』大月書店、2003年

大西広『チベット問題とは何か』かもがわ出版、2008年

岡まさはる記念長崎平和資料館編『ゆるぎない歴史認識を　高實康稔さん追悼集』岡まさはる記念長崎平和資料館、2018年

岡井敏『「原爆は日本人には使っていいな」』早稲田出版、2010年

荻野富士夫『よみがえる戦時体制　治安体制の歴史と現在』集英社新書、2018年

荻野富士夫、吉田裕、岡部牧夫編『中国侵略の証言者たち　「認罪」の記録を読む』岩波新書、2010年

小倉英敬『侵略のアメリカ合州国史』新泉社、2005年

小野賢二、藤原彰、本多勝一編『南京大虐殺を記録した皇軍兵士たち』大月書店、1996年

嘉指信雄、振津かつみ、佐藤真紀、小出裕章、豊田直巳『劣化ウラン弾　軍事利用される放射性廃棄物』岩波ブックレット、2013年

笠原十九司「憲法9条は誰が発案したのか　幣原喜重郎と『平野文書』」『世界』2018年6月号41-57頁、岩波書店

片岡伸行ほか「あなたは死刑に賛成ですか？」『週刊金曜日』1195号（2018年8月3日）25-39頁

片山杜秀『未完のファシズム　「持たざる国」日本の運命』新潮社、2012年

加藤陽子『戦争の日本近現代史』講談社現代新書、2002年

上脇博之『なぜ4割の得票で8割の議席なのか』日本機関紙出版センター、2013年

上脇博之『財界主権国家・ニッポン　買収政治の構図に迫る』日本機関紙出版センター、2014年

上脇博之『安倍「4項目」改憲の建前と本音』日本機関紙出版センター、2018年

萱野稔人『死刑　その哲学的考察』ちくま新書、2017年

川合伸幸『ヒトの本性　なぜ殺し、なぜ助け合うのか』講談社現代新書、2015年

姜在彦『日本による朝鮮支配の40年』朝日文庫、1992年

菊谷和宏『「社会（コンヴィヴィアリテ）」のない国、日本　ドレフュス事件・大逆事件と荷風の悲嘆』講談社、2015年

気候ネットワーク編『石炭火力発電Q&A　「脱石炭」は世界の流れ』かもがわ出版、2018年

北上田毅「マヨネーズなみの地盤の上に軍事基地？　辺野古新基地の不可能性、さらに」

『世界』2018年10月号162-168頁、岩波書店

北野万次『豊臣秀吉の朝鮮侵略』吉川弘文館、1995年

北御門二郎「ある徴兵拒否者の歩み」家永三郎編『日本平和論体系　18』日本図書センター、1994年

金正勲『戦争と文学　韓国から考える』かんよう出版、2019年

木村朗、ピーター・カズニック『広島・長崎への原爆投下再考　日米の視点』法律文化社、2010年

木村朗「繰り返されてきた米国・NATOの侵略」『週刊金曜日』1231号（2019年5月10日号）28-29頁

木村草太「死刑違憲論を考える」『世界』2018年9月号50-56頁、岩波書店

清末愛砂、石川裕一郎、飯島滋明、池田賢太編『自民党改憲案にどう向きあうか』現代人文社、2018年

桐生操『人はどこまで残酷になれるのか』中公新書ラクレ、2005年

栗原貞子『問われるヒロシマ』三一書房、1992年

黒田末寿『人類進化再考　社会生成の考古学』以文社、1999年

月刊『創』編集部編『開けられたパンドラの箱　やまゆり園障害者殺傷事件』創出版、2018年

纐纈厚『自衛隊加憲論とは何か　日米同盟の深化と文民統制の崩壊の果てに』日本機関紙出版センター、2019年

子どもと学ぶ歴史教科書の会編『増補　学び舎中学歴史教科書　ともに学ぶ人間の歴史』学び舎、2016年

五味洋治『朝鮮戦争は、なぜ終わらないのか』創元社、2017年

斎藤貴男『「明治礼賛」の正体』岩波ブックレット、2018年

佐高信、平野貞夫『自民党という病』平凡社新書、2018年

佐原真（聞き手　佐田智子）「歴史の初め『平和』があった」『朝日新聞』1994年3月31日夕刊

佐原真、小林達雄『世界史のなかの縄文　対論』新書館、2001年

更科功『宇宙からいかにヒトは生まれたか』新潮社、2016年

更科功『絶滅の人類史　なぜ「私たち」が生き延びたのか』NHK出版新書、2018年

猿田佐世『自発的対米従属　知られざる「ワシントン拡声器」』角川新書、2017年

猿田佐世「第4次アーミテージ・ナイ報告分析　さらなる日米一体化への要求」『世界』2019年3月号140-148頁、岩波書店

椎名麻紗枝『原爆犯罪　被爆者はなぜ放置されたか』大月書店、1985年

島本慈子『戦争で死ぬ、ということ』岩波新書、2006年

清水潔『「南京事件」を調査せよ』文春文庫、2017年

週刊金曜日編『加害の歴史に向き合う』金曜日、2017年

杉田聡『「日本は先進国」のウソ』平凡社新書、2008年

杉田聡（聞き手　成澤宗男）「ヘイトスピーチの元祖　福沢諭吉の『圧制のすゝめ』」『週刊金曜日』1198号（2018年8月31日）42-44頁

杉本崇「いちからわかる！　原発ゴミを10万年間　国が管理するんだって？」『朝日新聞』2016年9月21日　戸田2017：36に転載

辻子実『侵略神社　靖国思想を考えるために』新幹社、2003年

相田和弘『日本人は民主主義を捨てたがっているのか？』岩波ブックレット、2013年

臺宏士『アベノメディアに抗う』緑風出版、2018年

大門実紀史『カジノミクス　「カジノ解禁」「アベ銀行」「年金積立金バクチ」の秘密』新日本出版社、2018年

高橋眞司『長崎にあって哲学する　3・11後の平和責任』北樹出版、2015年

高橋眞司、舟越耿一編『ナガサキから平和学する！』法律文化社、2009年

高橋博子『封印されたヒロシマ・ナガサキ』新訂増補版、凱風社、2012年

高橋洋一『【図解】図25枚で世界基準の安保論がスッキリわかる本』すばる舎、2016年　安保法制推進派の論拠を記述した書籍

竹信三恵子『企業ファースト化する日本　虚妄の「働き方改革」を問う』岩波書店、2019年

田中利幸『知られざる戦争犯罪』大月書店、1993年

田中優『戦争って、環境問題と関係ないと思ってた』岩波ブックレット、2006年

中国帰還者連絡会編『私たちは中国でなにをしたか』三一書房、1987年

筒井晴彦「世界124カ国の労働時間法制　日本の立ち遅れをうきぼりに」『前衛』2018年10月号80-92頁、日本共産党中央委員会

堤未果『ルポ　貧困大国アメリカ』岩波新書、2008年

堤未果『日本が売られる』幻冬舎新書、2018年

常石敬一『七三一部隊』講談社現代新書、1995年

戸田清『環境正義と平和　「アメリカ問題」を考える』法律文化社、2009年

戸田清『〈核発電〉を問う』法律文化社、2012年

戸田清『核発電の便利神話』長崎文献社、2017年

戸田清「70周年を記念して同じ『7人執行』の不思議」『週刊金曜日』1197号（2018年8月24日）59頁

戸田清「クライン『NOでは足りない』書評」『週刊金曜日』1205号（2018年10月19日）50頁

中塚明、井上勝生ほか『東学農民戦争と日本　もう一つの日清戦争』高文研、2013年

中塚明『日本人の明治観をただす』高文研、2019年

中野晃一『私物化される国家』角川新書、2018年

中野晃一「見過ごされる「ポピュリストなき独裁」　日本における対米追随型の権威主義化」『世界』2019年4月号127-133頁、岩波書店

永原慶二『皇国史観』岩波ブックレット、1983年

永原陽子編『「植民地責任」論　脱植民地化の比較史』青木書店、2009年

永山茂樹「自民党・安倍改憲の危険・矛盾・葬り方」『前衛』2019年5月号25-37頁

新原昭治『「日米同盟」と戦争のにおい』学習の友社、2007年

西谷文和『戦争はウソから始まる　南スーダン日報問題、米朝会談、ルワンダ、ソマリアから戦争のリアルを告発』日本機関紙出版センター、2018年

西成田豊『中国人強制連行』東京大学出版会、2002年

西成田豊『労働力動員と強制連行』山川出版社、2009年

日本平和学会編『平和研究　第45号　「積極的平和」とは何か』早稲田大学出版部、2015年

日本平和学会編『平和研究　第48号　科学技術の暴力』早稲田大学出版部、2018年　藤岡惇、嘉指信雄、田坂興亜、天笠啓祐、戸田清ほか

日本平和学会編『平和研究　第49号　信仰と平和』早稲田大学出版部、2018年　島薗進、臼杵陽、板垣雄三ほか

丹羽宇一郎『戦争の大問題』東洋経済新報社、2017年

丹羽宇一郎『日本をどのような国にするか』岩波新書、2019年

庭山英雄編『被告最高裁　司法体制を問う十五の記録』技術と人間、1995年

乗松聡子編『沖縄は孤立していない　世界から沖縄への声、声、声。』金曜日、2018年　ジョン・ダワー、ダニエル・エルズバーグ、ノーム・チョムスキー、オリバー・ストーン、ピーター・カズニック、ガバン・マコーマック、アン・ライト、ハーバート・ビックス、ジャン・ユンカーマン、リチャード・フォークほか

橋爪大三郎、中田考『一神教と戦争』集英社新書、2018年

橋爪大三郎、大澤真幸『アメリカ』河出新書、2018年

蓮池透「拉致問題で無能をさらけ出した安倍首相」『週刊金曜日』1183号（2018年5月11日）25頁

花輪伸一ほか『安倍政権は、どうして沖縄をいじめるのか！』七つ森書館、2015年

浜田寿美男『虚偽自白を読み解く』岩波新書、2018年

林博史『沖縄からの本土爆撃　米軍出撃基地の誕生』吉川弘文館、2018年

原田敬一『「戦争」の終わらせ方』新日本出版社、2015年

春名幹男『ヒバクシャ・イン・USA』岩波新書、1985年

半藤一利『あの戦争と日本人』文春文庫、2013年

樋口英明「原発訴訟と裁判官の責任」『世界』2018年10月号58-69頁、岩波書店

平井美津子『教育勅語と道徳教育　なぜ、今なのか』日本機関紙出版センター、2017年

平井美津子『「慰安婦問題」を子どもにどう教えるか』高文研、2017年

平井美津子『サンフランシスコの少女像　尊厳ある未来を見つめて』日本機関紙出版センター、2018年

平田勝政編『長崎・あの日を忘れない　原爆を体験した目や耳の不自由な人たちの証言』長崎文献社、2019年

藤尾慎一郎「弥生時代の戦いに関する諸問題」松木武彦、宇田川武久編『人類にとって戦

いとは②　戦いのシステムと対外戦略』東洋書林、1999年

藤田庄市「宗教的動機を解明せぬまま」『世界』2018年9月号57-62頁、岩波書店

藤原彰『餓死した英霊たち』青木書店、2001年

布施祐仁『経済的徴兵制』集英社新書、2015年

古市剛史『あなたはボノボ、それともチンパンジー？　類人猿に学ぶ融和の処方箋』朝日新聞出版、2013年

保阪正康『日本原爆開発秘録』新潮文庫、2015年

星徹『私たちが中国でしたこと　中国帰還者連絡会の人びと』緑風出版、2002年

本多勝一『南京への道』朝日文庫、1990年

本庄豊『「明治150年」に学んではいけないこと』日本機関紙出版センター、2018年

本間龍『メディアに操作される憲法改正国民投票』岩波ブックレット、2017年

前田朗「日本植民地主義をいかに把握するか（2）併合・分割・交換の政治学」『さようなら！　福沢諭吉』第6号、2018年、発行世話人：安川寿之輔

前田哲男『戦略爆撃の思想　ゲルニカ・重慶・広島』新訂版、凱風社、2006年

前田哲男「安倍軍拡はどこに向かうか　防衛大綱と概算要求に見る新段階」『世界』2018年11月号86-95頁、岩波書店

前泊博盛「沖縄が問う民主主義」『世界』2018年9月号107-120頁、岩波書店

松井章『環境考古学への招待　発掘からわかる食・トイレ・戦争』岩波新書、2005年

松浦玲『明治の海舟とアジア』岩波書店、1987年

松木武彦、宇田川武久編『人類にとって戦いとは②　戦いのシステムと対外戦略』東洋書林、1999年

松島泰勝『琉球　奪われた骨　遺骨に刻まれた植民地主義』岩波書店、2018年

南彰、望月衣塑子『安倍政治　100のファクトチェック』集英社新書、2018年

宮代栄一「「縄文＝ユートピア」はホント？」『朝日新聞』2019年1月15日

毛利正道『平和的生存権と生存権が繋がる日　イラク派兵違憲判決から』合同出版、2009年

望月衣塑子『武器輸出と日本企業』角川新書、2016年

望月衣塑子、マーティン・ファクラー『権力と新聞の大問題』集英社新書、2018年

望月衣塑子「武器輸出　もうやめたほうがいいのでは？」『世界』2018年11月号96-107頁、岩波書店

森正孝『いま伝えたい細菌戦のはなし　隠された歴史を照らす』明石書店、1998年

森岡孝二『過労死は何を告発しているか　現代日本の企業と労働』岩波現代文庫、2013年

安川寿之輔『福沢諭吉の戦争論と天皇制論　新たな福沢美化論を批判する』高文研、2006年

安田浩一『「右翼」の戦後史』講談社現代新書、2018年

柳澤協二、太田昌克ほか『米朝首脳会談後の世界』かもがわ出版、2018年

山川剛『希望の平和学』長崎文献社、2008年　活水高校必修科目「平和学」教科書、「暴力についてのセビリア声明」新訳も収録

山極寿一『暴力はどこからきたか　人間性の起源を探る』NHKブックス、2007年

山口響監修『核兵器禁止条約の時代　核抑止論をのりこえる』法律文化社、2019年

山城博治、北上田毅『辺野古に基地はつくれない』岩波ブックレット、2018年

山田朗『日本の戦争　歴史認識と戦争責任』新日本出版社、2017年

山室信一『キメラ　満洲国の肖像』増補版　中公新書、2004年

油井大三郎『好戦の共和国　アメリカ』岩波新書、2008年

横川嘉範『原爆を子どもにどう語るか　平和教育・被爆者運動の経験から』高文研、1997年

吉田敏浩『反空爆の思想』日本放送出版協会、2006年

吉田裕『日本軍兵士　アジア・太平洋戦争の現実』中公新書、2017年

読売新聞水戸支局取材班『死刑のための殺人　土浦連続通り魔事件・死刑囚の記録』新潮文庫、2016年

りぼん・ぷろじぇくと『新・戦争のつくりかた』マガジンハウス、2014年

若桑みどり『戦争とジェンダー　戦争を起こす男性同盟と平和を創るジェンダー理論』大月書店、2005年

若原正己『ヒトはなぜ争うのか　進化と遺伝子から考える』新日本出版社、2016年

渡辺治『戦後史のなかの安倍改憲　安倍政権のめざす日本から憲法の生きる日本へ』新日本出版社、2018年

アルバート・アインシュタイン、ジグムント・フロイト『ひとはなぜ戦争をするのか』浅見昇吾訳、講談社学術文庫、2016年

デービッド・アダムズ『暴力についてのセビリア声明　戦争は人間の本能か』伊藤武彦、杉田明宏編、中川作一訳、平和文化、1996年

ブライアン・イーズリー『性からみた核の終焉』里深文彦監修、相良邦夫、戸田清訳、新評論、1988年

ダニエル・エルズバーグ『国家機密と良心　私はなぜペンタゴン情報を暴露したか』梓澤登、若林希和訳、岩波ブックレット、2019年

トム・エンゲルハート、エドワード・リネンソール『戦争と正義　エノラ・ゲイ展論争から』島田三蔵訳、朝日新聞社、1998年

ブライアン・オールディス『地球の長い午後』伊藤典夫訳、ハヤカワSF文庫、1977年

ジョセフ・ガーソン『帝国と核兵器』原水爆禁止日本協議会訳、新日本出版社、2007年

ロイド・ガードナー、マリリン・ヤング編『アメリカ帝国とは何か　21世紀世界秩序の行方』松田武、菅英輝、藤本博訳、ミネルヴァ書房、2008年

ブルース・カミングス『北朝鮮とアメリカ　確執の半世紀』杉田米行監訳、明石書店、2004年

ヘレン・カルディコット『狂気の核武装大国アメリカ』岡野内正、ミグリアーチ慶子訳、

集英社新書、2008年

ヨハン・ガルトゥング『日本人のための平和論』御立英史訳、ダイヤモンド社、2017年

ヨハン・ガルトゥング、藤田明史編著『ガルトゥング平和学入門』法律文化社、2003年

エドゥアルド・ガレアーノ『収奪された大地　ラテンアメリカ五百年』新装版、大久保
　　光夫訳、藤原書店、1997年

ジェームズ・ギリガン『男が暴力をふるうのはなぜか　そのメカニズムと予防』佐藤和
　　夫訳、大月書店、2011年

アーサー・チャールズ・クラーク『都市と星』新訳版、酒井昭伸訳、ハヤカワ文庫SF、
　　2009年

デヴィッド・レイ・グリフィン『9・11事件は謀略か　「21世紀の真珠湾攻撃」とブッ
　　シュ政権』きくちゆみ、戸田清訳、緑風出版、2007年

ステファヌ・クルトワほか『共産主義黒書』全2巻、外川継男ほか訳、ちくま学芸文庫、
　　2016-2017年

マイケル・クレア『血と油　アメリカの石油獲得戦争』柴田裕之訳、日本放送出版協会、
　　2004年

バーニー・サンダース「独裁と権威主義に立ち向かう世界的民主運動を構築する」宮前
　　ゆかり訳、『世界』2019年2月号87-97頁、岩波書店

ミハイル・ショーロホフ『静かなドン』新集・世界の文学、全3巻、水野忠夫訳、中央
　　公論社、1970年

チャルマーズ・ジョンソン『アメリカ帝国への報復』鈴木主税訳、集英社、2000年

チャルマーズ・ジョンソン『アメリカ帝国の悲劇』村上和久訳、文藝春秋、2004年

ジョセフ・スティーグリッツ、リンダ・ビルムズ『世界を不幸にするアメリカの戦争経
　　済　イラク戦費3兆ドルの衝撃』楡井浩一訳、徳間書店、2008年

オラフ・ステープルドン『最後にして最初の人類』浜口稔訳、図書刊行会、2004年

ロバート・ソウヤー『ホミニッド　原人』内田昌之訳、ハヤカワ文庫SF、2005年

ロバート・ソウヤー『ヒューマン　人類』内田昌之訳、ハヤカワ文庫SF、2005年

ロバート・ソウヤー『ハイブリッド　新種』内田昌之訳、ハヤカワ文庫SF、2005年

ロナルド・タカキ『アメリカはなぜ日本に原爆を投下したのか』山岡洋一訳、草思社、
　　1995年

バーバラ・タックマン『八月の砲声』山室まりや訳、ちくま学芸文庫、2004年

ジョン・ダワー『容赦なき戦争　太平洋戦争における人種差別』斎藤元一訳、平凡社ラ
　　イブラリー、2001年

A.J.P.テイラー『戦争はなぜ起こるか　目で見る歴史』古藤晃訳、新評論、1982年

マーティン・デイリー、マーゴ・ウィルソン『人が人を殺すとき　進化でその謎をとく』
　　長谷川真理子、長谷川寿一訳、新思索社、1999年

フランス・ドゥ・ヴァール『道徳性の起源　ボノボが教えてくれること』柴田裕之訳、
　　紀伊國屋書店、2014年

レフ・トルストイ『神の国は汝等の衷にあり』北御門二郎訳、冬樹社、1973年

デヴィッド・ナイバート『動物・人間・暴虐史』井上太一訳、新評論、2016年

ジャック・ネルソン‐ポールミヤー『アメリカの暗殺者学校』戸田清監修、安倍陽子
　　訳、緑風出版、2010年

デヴィッド・ハーヴェイ『資本主義の終焉　資本の17の矛盾とグローバル経済の未来』
　　大屋定晴、中村好孝、新井田智幸、色摩泰匡訳、作品社、2017年

トーマス・バージャー『コロンブスが来てから　先住民の歴史と未来』藤永茂訳、朝日
　　新聞社、1992年

セイモア・ハーシュ『アメリカの秘密戦争　9・11からアブグレイブへの道』伏見威蕃
　　訳、日本経済新聞社、2004年

チャールズ・パターソン『永遠の絶滅収容所　動物虐待とホロコースト』戸田清訳、緑
　　風出版、2007年

レオ・パニッチ、サム・ギンディン『アメリカ帝国主義とはなにか』渡辺雅男訳、こぶ
　　し書房、2004年

グレッグ・パラスト『金で買えるアメリカ民主主義』貝塚泉訳、角川文庫、2004年

マーヴィン・ハリスほか編『戦争の人類学　武力紛争と攻撃性の研究』大林太良ほか訳、
　　ぺりかん社、1977年

グレース・ハルセル『核戦争を待望する人びと　聖書根本主義派潜入記』越智道雄訳、
　　朝日新聞社、1989年

ルイス・ハンケ『アリストテレスとアメリカ・インディアン』佐々木昭夫訳、岩波新書、
　　1974年

ラウル・ヒルバーグ『ヨーロッパ・ユダヤ人の絶滅』望月幸男、井上茂子、原田一美訳、
　　柏書房、1997年

マーティン・ファクラー『安倍政権にひれ伏す日本のメディア』双葉社、2016年

ノーマ・フィールド『いま、〈平和〉を本気で語るには』岩波ブックレット、2018年

アーサー・フェリル『戦争の起源　石器時代からアレクサンドロスにいたる戦争の古代
　　史』鈴木主税、石原正毅訳、河出書房新社、1999年

ミシェル・フーコー『監獄の誕生　監視と処罰』田村俶訳、新潮社、1977年

ウィリアム・ブルム『アメリカ侵略全史　第2次大戦後の米軍・CIAによる軍事介入・
　　政治工作・テロ・暗殺』益岡賢、大矢健、いけだよしこ訳、作品社、2018年

ケネス・ヘイガン、イアン・ビッカートン『アメリカと戦争　1775-2007 「意図せざる
　　結果」の歴史』高田馨里訳、大月書店、2010年

レオン・ポリアコフ『アーリア神話　ヨーロッパにおける人種主義と民族主義の源泉』
　　アーリア主義研究会訳、法政大学出版局、1985年、新装版2014年

ジョン・ミッチェル『追跡　日米地位協定と基地公害』阿部小涼訳、岩波書店、2018年

アンヌ・モレリ『戦争プロパガンダ10の法則』永田千奈訳、草思社文庫、2015年

バルトロメ・デ・ラス・カサス『インディアスの破壊についての簡潔な報告』改版、染

田秀藤訳、岩波文庫、2013年

リチャード・ランガム、デイル・ピーターソン『男の凶暴性はどこからきたか』山下篤子訳、三田出版会、1998年

マイケル・ランドル『市民的抵抗 非暴力行動の歴史・理論・展望』石谷行、田口江司、寺島俊穂訳、新教出版社、2003年

ティム・ワイナー『CIA秘録』藤田博司ほか訳、文春文庫、2011年

Noam Chomsky, *Because We Say So*, Penguin Books, 2016

Ronald Creagh, *Mortopuno: Faktoj kaj Dokumentoj*, Paris: SAT, 2007　エスペラント文

Tom Engelhardt, *The American Way of War: How the Empire Brought Itself to Ruin*, Haymarket Publishing, 2010

John Stockwell, *In Search of Enemies: A CIA Story*, W.W. Norton, 1978

別掲の「必読書25点」を除く

凡例　本文で「戸田 2017：36」とあれば、戸田の2017年の著書（または記事・論文）の36頁を示す。

● 参考文献ウェブサイト

アクティブ・ミュージアム「女たちの戦争と平和資料館」（WAM）　http://wam-peace.org/

アジア太平洋資料センター　http://parc-jp.org/

アムネスティ日本　https://www.amnesty.or.jp/

新井俊一「仏教的視点から見た戦争と平和」　http://jare.jp/admin/wp-content/uploads/2017/05/arai-religion_ethics04.pdf

安保法制違憲訴訟の会　http://anpoiken.jp/

イラクの子どもを救う会　http://www.nowiraq.com/

大久野島から平和と環境を考える会　http://dokugas.server-shared.com/

岡まさはる記念長崎平和資料館　https://www.okakinen.jp/

沖縄県平和祈念資料館　http://www.peace-museum.pref.okinawa.jp/

沖縄平和運動センター　http://www.peace-okinawa.net/

木村平和学・国際関係論研究室（木村朗）　http://www.ops.dti.ne.jp/~heiwa/kimura/index.html

原子力資料情報室（CNIC）　http://www.cnic.jp/

原水爆禁止日本協議会（原水協）　https://www.antiatom.org/

原水爆禁止日本国民会議（原水禁）　http://peace-forum.com/gensuikin/

高麗博物館　https://kouraihakubutsukan.org/

中帰連平和記念館　https://npo-chuukiren.jimdo.com/%E4%B8%AD%E5%B8%B0%E9%80%A3-%E3%81%A8%E3%81%AF/

東京大空襲・戦災資料センター　http://www.tokyo-sensai.net/

毒ガス資料館元館長　村上〔初一〕氏へのインタビュー『科学と社会を考える土曜講座論文集』第1集 1997年5月　http://archives.shiminkagaku.org/archives/doyou_war199705a.pdf

毒ガス島歴史研究所　https://web.archive.org/web/20090123220135/http://homepage3.nifty.com/dokugasu/

長崎原爆資料館　https://nagasakipeace.jp/japanese/abm.html

長崎大学核兵器廃絶研究センター　http://www.recna.nagasaki-u.ac.jp/recna/

長崎大学教養科目・平和講座　長崎大学HPの「附属図書館」から、「長崎大学学術研究成果リポジトリ（NAOSITE）」で「平和講座」を検索すると授業の動画（平和講座アーカイブ）などが出てくる。http://naosite.lb.nagasaki-u.ac.jp/dspace/ で「平和講座」を検索

長崎の証言の会　https://www.facebook.com/長崎の証言の会-817954898344775/

日米交流で原爆を探究する旅　20年の歩み　真実の共有と和解をめざして　2015年　アメリカン大学、立命館大学、　立命館アジア太平洋大学　http://www.peaceful.biz/contents/7-8hiroshima.pdf

日本カトリック正義と平和協議会　https://www.cbcj.catholic.jp/japan/comt/japancatholiccouncil/

「2018年7月6日の死刑執行に対する抗議声明」　https://www.cbcj.catholic.jp/2018/07/18/17266/

日本キリスト教協議会　https://ncc-j.org/

日本二十六聖人記念館　http://www.26martyrs.com/index.html

日本の戦争責任資料センター　http://japanwarresp.g1.xrea.com/

日本平和委員会　http://j-peace.org/

ピースデポ　http://www.peacedepot.org/

広島大学平和センター　https://www.hiroshima-u.ac.jp/centers/gakunai/heiwa

広島平和記念資料館　http://www.hpmmuseum.jp/http://www.hpmmuseum.jp/

平和なエコエコノミーへの転換を考えるサイト（藤岡惇）　http://www.peaceful.biz/

ホロコースト教育資料センター　https://www.npokokoro.com/

学ぶ会　教室から生まれる中学歴史教科書　http://manabisha.com/index.html

立命館大学国際平和ミュージアム　http://www.ritsumei.ac.jp/mng/er/wp-museum/

リムピース　追跡！　在日米軍　http://www.rimpeace.or.jp/

Global Network against Weapons and Nuclear Power in Space　http://www.space4peace.org/
　いずれも2018年8月-12月アクセス

Campaign to stop killer robots　https://www.stopkillerrobots.org/learn/　2019年3月アクセス

Peace Churches　https://en.wikipedia.org/wiki/Peace_churches#Churches_of_God_

（7th_day）　2019年3月アクセス

Plutocracy　　　https://en.wikipedia.org/wiki/Plutocracy　2019年3月アクセス

We oppose construction of a new US military base within Okinawa, and support the people of Okinawa in their struggle for peace, dignity, human rights and protection of the environment（私たちは沖縄の米軍新基地に反対し、沖縄民衆の平和、尊厳、人権、環境保護を求めるたたかいを支持する）　Jan　2014　辺野古新基地反対声明、2014年1月　ダニエル・エルズバーグ、ピーター・カズニック、ジョセフ・ガーソン、ブルース・ギャグノン、ナオミ・クライン、オリバー・ストーン、マーク・セルデン、ジョン・ダワー、ノーム・チョムスキー、ハーバート・ビックス、ノーマ・フィールド、リチャード・フォーク、ガバン・マコーマック、マイケル・ムーア、アン・ライトほか　　https://www.stripescom/polopoly._fs/1.261142.1389263874!/menu/standard/file/HENOKO%20statement.pdf　2018年9月9日アクセス

World Scholars, Artists, Activists Call for Demilitarization of Okinawa（世界の学者、アーチスト、活動家が沖縄の脱軍事化を求める）　7 September 2018　辺野古埋め立て承認撤回を支持　2018年9月7日　賛同人の例示は本文中に前掲

　　http://peacephilosophy.blogspot.com/2018/09/133-scholars-artists-and-activists.html　2018年9月9日アクセス

　　https://consortiumnews.com/2018/09/09/world-scholars-artists-activists-call-for-demilitarization-of-okinawa/　2018年9月14日アクセス

　　https://www.transcend.org/tms/2018/08/world-scholars-artists-activists-call-for-demilitarization-of-okinawa/　2018年9月14日アクセス

We the people ask the federal government to Tell us what the federal government is doing about an issue: stop the landfill of Henoko Created by O.S. on December 26, 2018　https://petitions.whitehouse.gov/petition/stop-landfill-henoko　2018年12月30日アクセス

「平和センターの本」コールマン・マッカーシー（Colman McCarthy）　「授業と学習についての本」「死刑制度についての本」「短い物語のアンソロジー」「非暴力についての授業」という4つの部屋　http://peacecenterbooks.com/

「非暴力についての授業（The Class of Nonviolence）」教材集。48編の短いエッセイ（抜粋）　http://peacecenterbooks.com/the-class-of-nonviolence-index/　これは米国の平和教育の教材の一例である

あとがき

　本書は、『核発電の便利神話』(2017) に続く 6 冊目の単著になる。

　第56回長崎県民教研集会 (2018年8月26日、諫早市、高城会館) の「社会科教育・平和教育」分科会で、山川剛さん、上田精一さんと話していたとき、山川さんのレジュメに「被爆体験講話後の子どもたちの感想文に、何十年も前から必ず出てくる"古典的"な2大疑問は、『なぜ大人は戦争をするのか』と『なぜ原爆は投下されたのか』である。この問いかけに教師たちは応えてきただろうか」というご指摘があった。その前の8月23〜25日に長崎県立大学佐世保校の環境社会学の集中講義 (4年生) で、オバマの政権などの武力行使を描く『GOBAKU』(西谷文和監督、イラクの子どもを救う会、2010年) を見せたあとの感想にも「そもそも人間はなぜ戦争をするのだろうか」という問いがあった。

　本書は長崎大学の教養科目「平和講座」の参考書とすることも意図している。「内容が偏向している」という意見も当然あるだろう。では「偏向していない人」がどこかにいるのだろうか。たとえば、朝日・毎日は自民党に批判的、読売・産経は自民党寄りであるが、日経が中立というわけではない。「公害問題に中立の第三者はいない」(宇井純)。公害問題だけではない。私はもちろん反米主義者でも反日主義者でもないが、40年ほど前から日米政府や日米財界に対してはいくつかの批判的見解をもっている。朝鮮戦争のころに私はまだ生まれていない。私がベトナム戦争に関心をもち始めたのは中学生のころだろうか。大学1年のときに (1975)、ポル・ポト政権の成立やインドネシアの東チモール侵攻があった。米国のカンボジア秘密空爆を背景にポル・ポト派 (クメール・ルージュ) が権力をにぎったこと (イラク戦争後の混乱からISが台頭したのと似ている) を、当時はまだ知らなかった。ビアフラ戦争 (1967-70) は小学生・中学生のときだった。原発問題に関心をもち始めたのは高校生のころである。水俣病に関心をもったのも、死刑制度がおかしいと思ったのも大学生のころである。『週刊朝日』の記事で女子割礼問題を知ったのは大学卒業の間際 (1979) である。本多勝一を初めて読んだのは、『戦場の村』のエスペラント版であっ

65

た。私は関西に約20年、関東に約20年、九州に約20年（単身赴任）住んでいる。北部九州（当時の日本の先進地域である福岡・佐賀。唐津市菜畑遺跡には「最古の水田」跡がある）はおそらく日本における戦争発祥の地（前5～前4世紀頃）であり、長崎は最後の被爆地である。長崎はおそらく広島、沖縄と比べても平和教育の社会的資源に恵まれた一面がある。

　松木武彦は名著『人はなぜ戦うのか』の「文庫版へのあとがき」(2017) でこう述べる。「戦争が人間にとって最大の愚行であることは自明だから、社会の上層から下層までが地球規模でそうした傾向〔文化や歴史にすぐに優劣をつけ、そうして他者を見下し、自分たちの利だけを主張することを生き方の基本とする〕に流れつつある昨今は、世界史上まれに見る衆愚の時代へと陥る寸前にあるといえるだろう」。2018年4月以来、朝鮮半島情勢の良い方向への激変の始まりはあるが、世界と日本の状況は予断を許さない。

　日本史について国武雅子さんにいくつかご教示いただいた。その他多くの方から助言をいただいた。前の2著書に続いて、法律文化社編集部の小西英央さんにお世話になった。本書をエリゼ・ルクリュ (1830-1905) にささげる。

　　2019年3月11日（核発電過酷事故8周年の日）

被爆地長崎にて

戸田　清

■著者紹介

戸田　清（とだ　きよし）

1956年大阪生まれ。大阪府立大学、東京大学、一橋大学で学ぶ。獣医師（資格）。博士（社会学）。日本消費者連盟事務局、都留文科大学非常勤講師などを経て、長崎大学環境科学部教員（環境社会学、環境思想、平和学）。長崎県民間教育団体連絡協議会（県民教連）会長。石木川の清流とホタルを守る市民の会・共同代表世話人。玄海原発差し止め裁判、安保法制違憲訴訟（長崎）などの原告。著書は『環境的公正を求めて』（新曜社、1994年）、『環境学と平和学』（新泉社、2003年）、『環境正義と平和』（法律文化社、2009年）、『〈核発電〉を問う』（法律文化社、2012年）『核発電の便利神話』（長崎文献社、2017年）。訳書に『動物の権利』（岩波書店、2003年）、『動物の解放　新版』（人文書院、2011年）、『エコ社会主義とは何か』（緑風出版、2009年）、『モンサント』（監修、作品社、2015年）ほか。共著は『ナガサキから平和学する！』（法律文化社、2009年）ほか多数。

Horitsu Bunka Sha

人はなぜ戦争をするのか

2019年7月10日　初版第1刷発行

著　者　　戸田　　清
発行者　　田靡純子
発行所　　株式会社　法律文化社

〒603-8053
京都市北区上賀茂岩ヶ垣内町71
電話 075(791)7131　FAX 075(721)8400
http://www.hou-bun.com/

印刷：共同印刷工業㈱／製本：新生製本㈱
装幀：仁井谷伴子

ISBN978-4-589-04020-6
Ⓒ2019 TODA Kiyosi Printed in Japan

乱丁など不良本がありましたら、ご連絡下さい。送料小社負担にてお取り替えいたします。

本書についてのご意見・ご感想は、小社ウェブサイト、トップページの「読者カード」にてお聞かせ下さい。

JCOPY　〈出版者著作権管理機構　委託出版物〉

本書の無断複写は著作権法上での例外を除き禁じられています。複写される場合は、そのつど事前に、出版者著作権管理機構（電話 03-5244-5088、FAX 03-5244-5089、e-mail: info@jcopy.or.jp）の許諾を得て下さい。

戸田 清著

〈核 発 電〉を 問 う
ゲンパツ
―3・11後の平和学―

A 5 判・152頁・2300円

福島第一原発事故後の被災状況をふまえて、〈核〉がもたらす永続的で甚大な問題を平和学と環境学の視点から批判的に問い直す。〈核〉に依存する力学を構造的暴力の視点から根源的に照射し、克服すべき課題を明示する。

戸田 清著

環 境 正 義 と 平 和
―「アメリカ問題」を考える―

四六判・278頁・2400円

環境正義について整理し、環境学と平和学の視点から現代世界の構造的矛盾を批判的に考察。近代世界システムに内在する矛盾と限界により複合的な危機の時代を迎えた今、オルタナティブな世界へ向けた道標を提示する。

日本平和学会編

平和を考えるための100冊+α

A 5 判・298頁・2000円

平和について考えるために読むべき書物を解説した書評集。古典から新刊まで名著や定番の書物を厳選。要点を整理・概観したうえ、考えるきっかけを提示する。平和でない実態を知り、多面的な平和に出会うことができる。

日本平和学会編

平和をめぐる14の論点
― 平和研究が問い続けること―

A 5 判・326頁・2300円

いま平和研究は、複雑化する様々な問題にどのように向きあうべきか。平和研究の独自性や原動力を再認識し、果たすべき役割を明確にしつつ、対象・論点への研究手法や視座を明示する。各論考とも命題を示し論証しながら解明していくスタイルをとる。

広島市立大学広島平和研究所編

平和と安全保障を考える事典

A 5 判・710頁・3600円

混沌とする国際情勢において、平和と安全保障の問題を考える上で手引きとなる1300項目を収録。多様な分野の専門家らが学際的アプローチで用語や最新理論、概念を解説。平和創造の視点から国際政治のいまとこれからを読み解く。

高橋眞司・舟越耿一編

ナガサキから平和学する！

A 5 判・286頁・2200円

最後の被爆地である長崎から「平和」を多角的に考えるための平和学入門書。戦後の軌跡とグローバルな同時代性を座標軸として、被爆・戦争・差別・責任・多文化共生・環境など長崎の独自性をふまえた主題を設定し、論究する。

―法律文化社―

表示価格は本体(税別)価格です